山东省社会科学规划研究项目"基于区块链技术的山东省跨境电商出口贸易问题解决对策研究"（项目编号：21DGLJ16）

基于区块链技术的我国跨境电子商务出口贸易问题解决对策

陈　曦◎著

Solutions to the Problems of Cross-border E-commerce Export
Trade Based on Blockchain Technology in China

经济管理出版社
ECONOMY & MANAGEMENT PUBLISHING HOUSE

图书在版编目（CIP）数据

基于区块链技术的我国跨境电子商务出口贸易问题解决对策/陈曦著 . —北京：经济管理出版社，2021.8

ISBN 978 - 7 - 5096 - 8211 - 1

Ⅰ . ①基… Ⅱ . ①陈… Ⅲ . ①电子商务—出口贸易—研究—中国 Ⅳ . ①F713. 365 ②F752. 62

中国版本图书馆 CIP 数据核字（2021）第 160100 号

组稿编辑：任爱清
责任编辑：任爱清
责任印制：黄章平
责任校对：董杉珊

出版发行：经济管理出版社
（北京市海淀区北蜂窝 8 号中雅大厦 A 座 11 层　100038）
网　　　址：www. E - mp. com. cn
电　　　话：(010) 51915602
印　　　刷：唐山昊达印刷有限公司
经　　　销：新华书店
开　　　本：720mm×1000mm/16
印　　　张：12. 5
字　　　数：167 千字
版　　　次：2021 年 10 月第 1 版　　2021 年 10 月第 1 次印刷
书　　　号：ISBN 978 - 7 - 5096 - 8211 - 1
定　　　价：78. 00 元

前　言

　　跨境电商突破了传统贸易在时间和空间等方面的限制，通过打造互联网上的电子商务交易平台，使我国出口贸易有了突破性的进展，实现了我国经济的整体进步与发展。数据表明，近些年我国跨境电商市场交易规模逐年提高。因此，对于跨境电商出口贸易问题解决对策的研究十分必要。

　　随着科技的发展和技术的进步，区块链逐渐从虚拟世界渗透到现实生活中的方方面面，而电子商务正是现阶段连接现实与虚拟的最佳契机。区块链技术凭借点对点组网方式、非对称加密技术、分布式共识算法和智能合约，通过建立跨境货物仓储和运输全程监控系统，实现对跨境货物物流环节的全程监控，摆脱跨境支付中银行间的层级代理结构。同时，区块链数据具有可追溯性，利用时间戳技术，可以通过建立通用数字货币体系，建立货物来源查询系统，从源头保证货物来源的真实性。

　　基于此，本书提出利用区块链技术解决我国跨境电商出口贸易问题。本书对跨境电子商务的已有文献作了一个系统的回顾和梳理，并从区块链技术的角度，以跨境电子商务为主线进行了全面的研究，为分析我国跨境贸易的经济影响提供了一定的经验证据，也对我国跨境电商出口贸易今后的发展有着重要的促进作用。

  本书内容全面，资料翔实。笔者在开篇便详细介绍了全球跨境电子商务的现状。在给出相应的解决措施之前，探讨了跨境电子商务出口贸易发展面临的问题，分析了区块链技术的应用现状，并以阿里巴巴天猫国际平台和京东智臻链平台作为案例，介绍区块链技术用于改善跨境电商出口贸易的跨境支付问题、跨境物流问题、跨境产品质量溯源问题的优势与可行性。最后，利用宏观层面的数据，评估了区块链技术对跨境电子商务的经济意义，并据之提出了合理化的建议。除此之外，本书力图以条理清晰的文字、较多的插图，来解释区块链技术在跨境电子商务中的运用并使之通俗易懂，为读者学习提供"一站式"服务。

  本书兼具学术性和综合性，无疑将促进区块链技术和跨境电子商务的进一步研究。对于区块链技术和跨境电子商务研究人员、对外贸易企业的管理者、跨境贸易政策的制定者而言，这是一本必读书。

陈　曦

2021 年 6 月 20 日

目　录

第一章 跨境电子商务的概念和主要特点

第一节 跨境电子商务概念

一、跨境电子商务发展阶段

跨境电子商务是在 20 世纪 60 年代末产生的，在其发展过程中，世界上最先践行的国家是美国。用电子方式进行数据交换是当时美国大型企业使用的主要方式，不同国家和地域的贸易伙伴按照同一个公认的标准通过计算机直接将各自行业中对方需要的信息传递给对方，这就是电子数据交换，也是最初的商务模式。自从电子数据交换出现开始，美国大型企业大大节省了成本，他们也将此技术运用到企业中。在 20 世纪 90 年代后随着电子商务技术发展的日渐成熟，该技术的应用范围也从企业逐渐拓展到国际贸易与金融领域。[①]

跨境电子商务是从电子数据交换技术产生开始兴起的，其发展历程可分为以下三个阶段：

（一）跨境电子商务 1.0 阶段（1999～2003 年）

线上展示与线下交易为外贸信息服务基本模式，这两种模式在当时极为重要。在跨境电子商务 1.0 阶段中，第三方平台为企业提供发布产品销售信息的网络展示平台，不能在该平台上进行网络交易。主要靠向获取信息的企业收取会员费（如年服务费）盈利，外贸信息服务模式也致力于线上展示和线下交易。在跨境电子商务 1.0 阶段，竞价推广与咨询服务等信息流增值服务也逐渐兴起，为供应商提供了一站式的服务。虽然在该阶段中互联网面向世界买家的贸易信息难题已得到基本解决，但在线交易问题依旧急待处理，就外贸电子商务产业链的整合而言也仅仅只是完成了信息流整合。阿里巴巴国际站、环球资源网、中国制造网是该阶段中的杰出企业。[②]

（二）跨境电子商务 2.0 阶段（2004～2012 年）

2004 年为跨境电子商务 2.0 阶段的开端。跨境电子商务平台开始挣脱传统意义上纯信息的网络展示束缚，力争在线下交易、支付和物流方面实现电子化，并借助互联网金融完善在线交易平台。这一阶段反映了电子商务的本质特征，电子商务平台可以通过有效整合服务和资源来打通上下游供应链，具体模式有以下两种：平台对企业小额交易即 B2B 平台模式以及平台对用户即 B2C 平台模式。跨境电子商务在该阶段以 B2B 平台模式为主，通过与中小企业商户直接对接的方式来缩短产业链、扩大盈利空间。第三方平台在跨境电子商务 2.0 阶段实现了多元化营收和后向收费模式，变

---

① 王友，王云峰. 电子商务的发展及其对现代商务的促进作用 [J]. 河北大学学报（哲学社会科学版），2007 (1)：129-134.

② 张秋荻. 跨境电子商务的商业模式及盈利分析 [J]. 经济师，2021 (3)：1-2.

"会员收费"为"交易佣金",按成交效果收取百分点佣金。同时还通过营销推广、支付和物流服务等获得收益。由于2007～2011年的假货泛滥,跨境电子商务出现了"信任危机",因此,发展逐渐放缓。2011年后,国家开始重视跨境电子商务,并颁布法规规范行业生态环境,同时各个地区政府开始扶持跨境电子商务的发展,各大电商平台随着大量卖家的不断涌入竞争也逐渐白热化。敦煌网、全球速卖通是跨境电子商务2.0阶段中跨境电子商务平台的代表。

（三）跨境电子商务3.0阶段（2013年至今）

2013年至今,跨境电子商务的发展备受瞩目,该行业的企业数量也在不断增加,买家在不断开发新平台,发掘新渠道,这同时表明我国电子商务的发展与日俱增。跨境电子商务3.0的"大时代"也在跨境电子商务的转型升级中逐渐到来了。[①]

首先,该阶段B端的特点是大平台、大用户、大订单和跨境电子商务移动化。全产业链在线化、移动化推动行业高速发展,使线上产业生态更为完善,平台服务提高、承载能力更强,大型平台不断涌现。该阶段大型工厂不断增加且向柔性化智能制造转变是主流趋势;移动端用户爆发,以美国采购商为例,在线采购商数量占比达到59%,一半的供货商正尝试将线下买家转移到线上,从PayPal发布的《全球电子商务报告》可以看出:从跨境电子商务的地位来看,美国第一、中国第三,中国跨境电子商务在线化的发展也得益于美国加大线上交易。3.0阶段中的主要平台模式也由C2C、B2C变为B2B、M2B,平台大部分订单来自于批发商买家贡献的中大额交易。

其次,对C端而言,随着天猫国际、考拉海外和京东全球购等大型平

---

① 张秋荻. 跨境电子商务的商业模式及盈利分析 [J]. 经济师, 2021 (3): 1-2.

台的不断涌现，改变了之前代购、海淘等品质参差不齐的现象，另外，各类模式的进口跨境电子商务平台如小红书、洋码头和奥买家等的出现也逐渐推动跨境购物走向常态化。

就政策支持而言，由于跨境电子商务是未来外贸的重要形式，因此国家也不断给予支持，2013 年，中国全国人大常委会开启了《中华人民共和国电子商务法》的立法进程，与此同时国务院也出台了多项支持跨境电子商务的政策，划定上海自贸区作为跨境电子商务的试点区域，我国第一个关于跨境贸易电子商务的试点平台正式投入使用。跨境电子商务的加速发展离不开政策支持力度的推动，随着跨境电子商务"合法地位"的逐渐确立，考拉海外、京东全球购等大型平台也相继成立了。

在这个阶段，大型企业全面采用了跨境电子商务，除此之外，大批的网民也习惯了网购的方式，许多中小型企业也从 B2B 模式高速发展中获益。在此基础上，电子商务稳步发展的环境也在不断成熟，基本解决了配套的物流、支付等问题，电子商务在全球的发展变得异彩纷呈。阿里巴巴、京东和考拉海购等是 3.0 阶段的杰出企业。

二、跨境电子商务基本概念

(一) 电子商务基本概念

电子商务是一个系统工程，囊括了社会各个方面，客户、企业商家、认证中心、配送中心、金融机构和监管机构等通过网络系统相互联系。从参与交易的主题的不同类型来看，电子商务可以分成两种模式：B2C（企业对消费者）和 B2B（企业对企业）。B2C 与在联机服务中进行的商品买卖非常类似，消费者可以利用网络互动直接参与经济活动中。这种形式随着互联网的发展而迅速成长，且与电子化的零售方式极为相似。网络上虚拟商店和虚拟企业类型繁多，主营与商品销售有关的服务。在网上可以交易实体化的产品，例如，书籍、服装、食品、汽车、饰品、数码产品和生活用品等，也可以交易虚拟的数字化商品，如新闻、音乐、数据库、软件和电影，除此之外，旅游、在线医疗诊断和远程教育也可以在虚拟商店里进行交易。B2B 模式地位最高也最受企业欢迎，企业在交易前可上网寻找有合作意向的最佳伙伴，在网络上完成订购到结算的全部流程，该流程涉及以下三个方面：一是向供应商订货、与供应商签约、接受发票，二是付款方式的选择如电子资金转移、信用证和银行托收，三是解决商贸过程中的其他问题如索赔、商品发送管理和运输跟踪等。企业需要的各种硬件和软件环境是会变化的，与企业的电子商务经营额呈正相关。电子商务经营额越大，环境越复杂，但在电子数据交换（EDI）商务成功发展得最快。①

电子商务的不断发展催生了众多的跨境电子商务模式，按照交易对象的不同可分为 B2B、C2C、B2C、B2G、C2G、BBC。B2B 跨境电子商务主要是商业对商业，也就是企业和企业通过该平台寻找相关的海外合作伙伴。C2C 跨境电子商务主要是消费者对消费者，也就是一种个人对个人的网上交易行为，消费者可以将其产品放到该平台上让其他消费者购买。B2C 跨境电子商务的汉语释义是企业对消费者，即卖家和买家可通过跨境电子商务平台联系，卖家在平台上发布、宣传、推广自己的产品，买家可以在该平台上选购心仪产品，在短时间内迅速地提供大量客户是 B2C 模式的优点。B2G 和 C2G 则是指不以盈利为目的的政府电商行为，从事政府的网上报关、报税等业务。而 BBC 是比较新型的电子商务模式，主要是将企业、银行和客户联系在一起，目前正在开发当中。②

20 世纪 60 年代末欧洲和美国提出了电子数据交换（EDI）系统，这是

---

① 郑晓龙. 日本 7 - ELEVEN 便利店经营独占鳌头的秘密武器 [J]. IT 经理人周刊，2002（9）：53 - 55.

② 维塔利. 俄罗斯跨境电子商务发展研究 [D]. 吉林大学硕士学位论文，2019.

电子商务发展的开端，迄今为止已有近50年的历史，不同国家和不同领域对其有不同定义。

1. 法律与国际商会关于电子商务的定义

首先，在1996年发表的《联合国国际贸易委员会电子商务示范法》说明了电子数据交换的定义，电子数据交换就是原始意义上的电子商务，为"使用某种经过共同商定后形成的标准来对信息结构进行定义，并通过计算机使用某商定标准规定信息电子传输"，对"数据电文"的解释如下："该信息由电子手段、光学手段或类似手段生成、储存或传递。"该定义是可追溯的最早的权威电子商务定义。1997年11月6与7日，在由国际商会主持的法国巴黎世界电子商务会议上，来自世界不同领域如商业、信息技术和法律的专家和政府部门代表共同给出了最有说服力和权威性的电子商务概念：电子商务实现整个贸易活动的电子化。[①]

2. 各国政府关于电子商务的定义

1997年，美国政府在《全球电子商务纲要》中提到："电子商务的各项活动如广告、交易、支付和服务都是在互联网上完成的，并预估电子商务会在全球兴起。"[②] 欧洲议会的看法是："采用电子方式进行文本、声音和图像的处理和数据的传递的商务活动称作电子商务。活动范围非常广泛，货物电子贸易与服务、在线数据传递、电子资金划拨、电子证券交易、电子货运单证、商业拍卖、合作设计与工程以及在线资料和公共产品均包括在内。它包括产品、传统活动与新型活动三大类。其中，产品包括消费品、专门设备，传统活动包括信息服务、金融和法律服务的服务、体育和健身，新型活动包括虚拟购物、虚拟训练。"

---

① 刘媛媛. 国际贸易电子合同欺诈的法律问题研究［D］. 内蒙古大学硕士学位论文，2017.

② 彭新敏. 企业电子商务发展对策与实证研究［D］. 西安理工大学硕士学位论文，2002.

3. IT 行业、公司关于电子商务的定义

1996 年，IBM 公司给出了关于 Electronic Commerce（E – Commerce）的定义，1997 年又定义了 Electronic Business（E – Business）。关于电子商务，IBM 公司给出了一个定义式：电子商务 = Web + IT。它强调商业在计算机环境中的应用，即把买卖双方、厂商及其合作伙伴在互联网、企业广域网和局域网相统筹。IBM 公司声明电子商务的三要素[①]是指基础设施、创新和整合。

4. 国内外专家对电子商务的定义

美国的瑞维·卡拉克塔和安德鲁·B. 惠斯顿（1999）在《电子商务的前沿》中提出：广义上电子商务是一种现代商业方法。它在提高产品的质量、提高服务水平和加快服务速度上卓有成效，从而政府和生产商的成本也会有所降低，因此等同于变相降低产品价格、提高消费者的满意度。从营销角度出发，美国学者 John Longenecker 认为，"电子商务是一个借助电子工具实现商品的购买和服务的电子化购销市场"。中国的李琪教授在《中国电子商务》一书中表明："客观上，将内在要素作为分类依据可以将电子商务的定义分为两类或三类：第一类是广义的电子商务定义，它是指包括初级的电报、电话到国家资讯通信基本建设（NII）、全球信息基础设施（GII）和互联网等的各类电子工具在商务活动中的应用。从包括实物与非实物、商品与商品化的生产要素等商品的需求活动开始到商品合理、合法地完成消费，并除去典型的生产过程后所有的活动称为现代商务，第二类是狭义的电子商务定义，它是指在经济技术极为发达的现代社会中，精通信息技术与商务规则的人通过系统化使用电子工具来将高效率、低成本作为实现途径，并且从事各种以商品交换为中心的活动的全过程。"我国的赵

---

① 张代平. 重庆市网上银行发展问题研究［D］. 西南大学硕士学位论文，2002.

立平学者在《电子商务概论》一书中认为，"买卖双方按照一定的标准通过计算机网络进行的各类商务活动"。在回顾多个国家的权威学者对电子商务的研究后，笔者认为，网络、应用和商品交换三个要素是电子商务的三个构成要素，电子商务是人们通过网络、应用软件和应用平台进行的、以商品交换为中心的各种活动。

（二）跨境电子商务的定义

跨境电子商务和电子商务一样，自诞生以来，呈现较快的增长速度、持续创新的交易方式、催生并积极应用新技术的包容能力、不断改造和提升的交易环节和交易效率等特点。世界组织和主要国家不断调整政策，以期适应电子商务发展的需求，促进全球及各国的贸易增长。

跨境电子商务在电子商务平台上进行的跨境贸易活动，以线上交易、线上支付与线下物流配送为完成节点。传统的电子商务范围逐渐扩展到国际市场，不同国家、地区的企业与消费者可以借助互联网、电子产品来完成国际交易，整个流程包括寻找商品、交易磋商、跨境支付、物流运输和售后服务。它可以有效减少外贸的中间环节，降低运营成本，拓展外贸企业的海外市场，对外贸企业转型升级来讲地位非凡。随着制度完善和改革创新、互联网基础设施的完善和全球物流的升级，跨境电子商务正成为推动中国对外贸易发展的新动力。①

跨境电子商务是指位于不同国家的交易主体在电子商务平台上达成交易并在该平台上进行支付结算，通过跨境物流交付商品完成整个交易的一种国际商业活动，跨境电子商务是经济全球化和信息化的产物。跨境电子商务正在席卷全球，冲击着传统国际贸易格局。一方面，新兴的中产阶层

---

① 黄蓝青. 东南亚和非洲市场跨境电商平台商家选品策略研究. ［D］. 华南理工大学硕士学位论文，2020.

对国外优质商品的不断上升的需求给供给侧改革提供了不竭的动力；另一方面，随着跨境电子商务基础设施的不断完善和国家政策的扶持，越来越多的中小企业涉足跨境电子商务，成为供给侧和需求侧的重要力量。①

第二节　全球跨境电子商务的主要特点

一、全球电子商务及跨境电子商务交易规模不断增长

随着不断上升的全球互联网普及率和不断完善的支付和物流运输环境，越来越多的消费者将跨境电子商务作为首要选择。联合国贸发会议（UN-CATD）统计的数据显示，全球电子商务贸易规模 1994 年为 12 亿美元，1997 年为 26 亿美元，1998 年为 500 亿美元，随后几年的增速有所放缓，但大部分年份增长速度仍然超过了 10%。2017 年公布了相关统计数据，在全球中跨境电子商务已经具有 25 万亿美元的市场规模，较 2015 年增长了 13.18%。

跨境电子商务交易规模增长极快。iMedia Research（艾媒咨询）数据显示，2018 年，全球范围内的 B2C 跨境电子商务交易规模较 2017 年增长了 27.5%，2019 年突破 8000 亿美元，同时全球跨境网购普及率达 51.2%。

零售电商增速明显加快，份额逐步提高。eMarketer 数据显示，自 2017 年以来，全球零售的年增速为 3.7%，同期零售电商交易规模的年增速为

---

① 李海波. 区块链视角下我国跨境电商问题解决对策［J］. 中国流通经济, 2018（11）: 41 - 48.

16.5%，跨境电子商务在全球零售电商中占比将由2017年的10.2%逐步提高到2023年的20.6%。Statista的统计结果也表明，2017年全球互联网零售额合计为14742万亿美元，并仍将保持年均11.7%的增长率，预估到2022年全球互联网零售额将达到24645万亿美元（见图1-1）。①

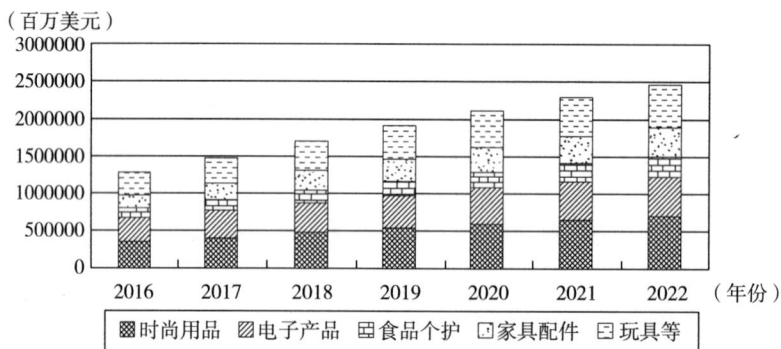

图1-1　全球电子商务零售总额预测

资料来源：https：//www.statista.com/.

电商零售市场在各国的发展普遍呈现较快的增长态势。在电商零售市场（B2C）中，2016年，中国超过了美国成为世界第一大市场，全年中国共有5.2亿网购用户通过网络消费了价值共计4000多亿美元的商品，这两个数字均为世界第一位。在以美国为代表的发达国家电商零售规模持续增长的同时，以巴西、印度、俄罗斯为代表的新兴国家人均网上消费额也在快速增长。跨境电子商务与电商零售市场的发展基本一致。《2018年全球电商行业蓝皮书》说明，首先，最受全球网购消费者欢迎的跨境电子商务是中国（26%），其次是美国（21%）、英国（14%）、德国（10%）、日本

---

① 丁乃鹏，黄丽华. 电子商务模式及其对企业的影响［J］. 中国软科学，2002（1）：37-40.

（5%）。如表 1 - 1 所示。

表 1 - 1　2016 年全球互联网零售市场排名

国家	互联网接入率 （％）	网购消费者 （百万人）	人均消费额 （美元）	互联网零售总额 （百万美元）
中国	73	520.7	774.84	403457.81
美国	84	220.53	1633.92	360326.52
英国	83	44.41	1913.3	84966.41
日本	82	80.59	948.26	76417.95
德国	81	50.04	1141.95	57137.98
韩国	85	31.36	1149.43	36048.6
法国	81	34.94	981.13	34277.12
巴西	57	60.54	273.31	16547.58
印度	25	149.41	107.58	16073.48
俄罗斯	61	42.41	332.59	14104.12

资料来源：https：//www.statista.com/.

受经济水平和产业发展的制约，全球跨境电子商务发展现状有所差异，但在各国仍普遍呈现较快的增长态势。按跨境电子商务发展的成熟度可以将跨境电子商务分为成熟市场和新兴市场，其中，美国和欧洲作为成熟市场的代表，拥有庞大的市场规模；亚太地区、北亚地区、东南亚地区、非洲地区是快速增长、异军突起的新兴市场，未来将成为全球跨境电子商务市场新的增长点。

二、电子商务和跨境的发展与信息技术进步密切相关

（一）信息技术进步推动电子商务的发展创新

互联网技术的发展推动了跨境电子商务的出现和发展，电子数据交换（Electronic Data Interchange，EDI）技术是在 20 世纪 60 年代产生的，到 20

世纪 90 年代产生的互联网技术，随着信息技术革命性进步，电子商务的应用逐步从为大型企业提供数据传输业务，发展成为提供全流程的贸易服务模式，包括遍及全球的互联网通信、网上支付和结算、信息数据库支撑等。21 世纪的新一代信息技术为电子商务的发展提供了坚强的技术支撑，大数据技术、云技术以及区块链技术是主要代表。这加速了对外贸易和电子商务的融合，从而催生了跨境电子商务，并使贸易方式由分散、小规模成长为新贸易模式。大数据技术帮助平台获取用户的相关数据并加以分析得到用户的消费习惯与偏好，并以此推送精准商品给消费者，促进交易数量的提升。云技术赋予平台能够处理更多数据的更强的计算与存储能力。信用监管、交易管理等过程则主要应用区块链技术。①

（二）互联网基础设施制约电子商务发展

目前在电子商务交易规模居世界前列的市场中，除了中国以外，均为发达国家（见表 1 - 2），其中一个重要原因在于发展中国家的信息、通信和技术（ICT）发展水平显著落后于发达国家。以互联网接入率为例，2015 年联合国宽带委员会发布了《宽带状况报告》文件，该文件指出，世界前 10 位使用互联网的国家均位于欧洲，北欧国家的互联网接入率更是超过 90%，其他欧美发达国家均超过 80%，相比之下，在新兴国家中，越南、泰国等国家互联网接入率则不足 50%，而撒哈拉以南非洲几内亚、索马里、布隆迪等国家平均互联网接入率不足 10%。

另外，电商渗透率是指在一定时期内通过电子商务购买商品的用户数量占网民数量的比例，从这个方向来看，首先是 2017 年北美的电商渗透率为全球最高，达到 78%；其次是西欧，比例为 75.5%；再次是比例为 63.7% 的亚太；而电商渗透率最低的中东及非洲则不到 37%，结果显示电

---

① 陈芳娌. 跨境电商对传统国际贸易的变革 [J]. 中国商论，2016 (1)：126 - 128.

商渗透率与网络基础设施的完善程度基本一致。如表1-2所示。

表1-2 全球网络就绪度指数排名前25和后25的国家或地区

排名	国家或地区	得分	排名	国家或地区	得分
1	新加坡	6	115	莱索托	3.3
2	芬兰	6	116	赞比亚	3.3
3	瑞典	5.8	117	阿尔及利亚	3.2
4	挪威	5.8	118	尼日利亚	3.2
5	美国	5.8	119	埃塞俄比亚	3.2
6	荷兰	5.8	120	尼泊尔	3.2
7	瑞士	5.8	121	乌干达	3.1
8	英国	5.7	122	津巴布韦	3
9	卢森堡	5.6	123	莫桑比克	3
10	日本	5.6	124	喀麦隆	3
11	丹麦	5.6	125	坦桑尼亚	2.9
12	中国香港	5.6	126	贝宁	2.9
13	韩国	5.6	127	加蓬	2.9
14	加拿大	5.6	128	马里	2.9
15	德国	5.6	129	斯威士兰	2.9
16	冰岛	5.5	130	利比里亚	2.8
17	新西兰	5.5	131	尼加拉瓜	2.8
18	澳大利亚	5.5	132	缅甸	2.8
19	中国台湾	5.5	133	马达加斯加	2.7
20	奥地利	5.4	134	马拉维	2.6
21	以色列	5.4	135	几内亚	2.6
22	爱沙尼亚	5.4	136	毛里塔尼亚	2.5
23	比利时	5.4	137	海地	2.5
24	法国	5	138	布隆迪	2.4
25	爱尔兰	5.3	139	乍得	2

资料来源:世界经济论坛《全球信息技术报告(2016)》。

（三）跨境电子商务的发展情况与信息基础设施发展情况基本一致

世界经济论坛发布了《全球信息技术报告（2016）》，报告显示在覆盖的 139 个国家中，网络就绪度指数（Networked Readiness Index）排名前 25 的均为发达国家或地区，排名最后 20 位的国家除了尼加拉瓜、缅甸、毛里塔尼亚和海地以外，均为撒哈拉以南非洲国家。

与此对应的是美国、欧洲和亚太占据了电子商务市场的主要份额。随着中国以及东南亚诸新兴经济体的快速发展，原有的北美—欧盟的两强格局被美国—欧盟—亚太三足鼎立格局所取代。如图 1-2 所示，中国所在的亚太地区，以欧盟国家为主体的西欧地区和美国所在的北美地区是当今世界上电子商务最发达的三个区域。

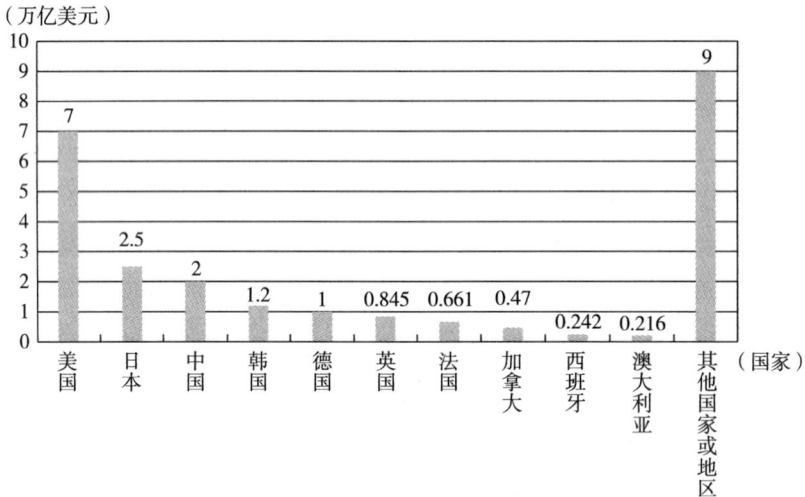

图 1-2　全球主要国家电子商务市场规模

资料来源：联合国贸易与发展会议（2016 年）。

在这三个区域中，由于欧美发达国家电子商务发展较早、电子商务发展较完善，因此，在发展速度上已趋于稳健，而非洲国家及部分拉丁美洲国家由于（ICT）基础设施发展缓慢，因此不具备大规模发展电子商务的条件。亚太地区是全球电子商务发展的主要动能来源。如图1－3所示，从2016～2021年的增速预测上来看，排名前7的都是亚洲国家，东南亚各经济体的实力也不容小觑。

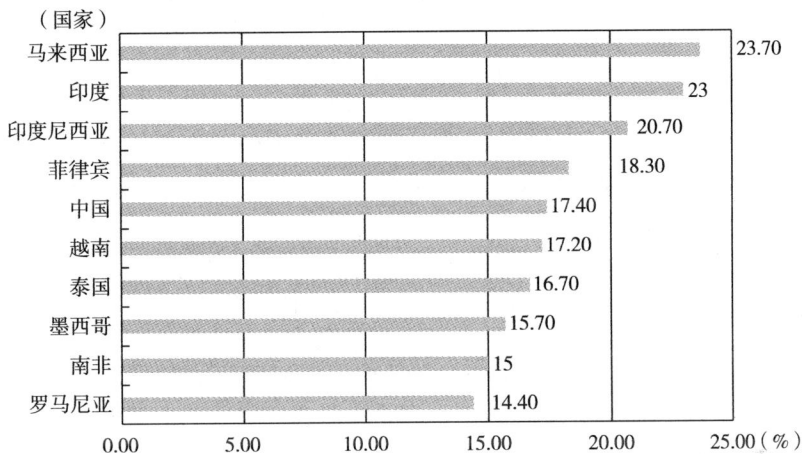

图1－3　2016～2021年电子商务零售市场增长率排名

资料来源：https：//www.statista.com/.

随着全球信息化基础设施的完善，电子商务及跨境电子商务将迎来更加快速的增长，其中，重要原因是互联网渗透率在快速增长，全球的网购用户数量也将从2017年的16.36亿人增长到2022年的25.22亿人，并且大部分的新增用户来自印度、俄罗斯以及东南亚诸新兴国家。①

————————

① 何为，李明志.电子商务平台上的信息不对称、交易成本与企业机制的运用［J］.技术经济，2014（6）：26－31.

第三节　主要国家的跨境电子商务发展特点

一、美国跨境电子商务的发展特点

（一）美国跨境电子商务有完善的法律法规体系

首先，以各州立法为先导，《电子商务安全法》《金融机构数字签名法》《互联网保护个人隐私法案》是跨境电子商务法在美国的具体应用，《全球电子商务纲要》（以下简称《纲要》）是官方发表的全球首份有关电子商务的国际法则，该《纲要》对跨境电子商务交易有着重大意义。其次，《全球电子商务纲要》表明了对跨境电子商务中关于税收的相关处理办法，美国国会也出台了《互联网免税法案》，这些法律文件均表明美国拥有比较健全的税收法律体系。最后，在制定涉及知识产权保护的法律监管制度时规定每一位公民的信用代码都是唯一的且无法复制，如果留下不良记录，那么在创立公司、银行信贷等方面就会受到限制。由上可知美国信用监管法律体系是较为健全的①。

（二）美国较为成熟的跨境电子商务

跨境电子商务的发源地是美国，美国也最早表示支持跨境电子商务发展。美国不仅是跨境电子商务的领路人，更是跨境电子商务规则的制定者，在克林顿政府时期颁布的"全球电子商务框架"（A Framework for Global Electronic Commerce，1997）对各国电子商务发展具有非常重要的意义。2015

---

① 陆霞. 中美贸易战下的跨境电商面临的困境及对策研究 [J]. 电子商务，2017 (3)：1-2.

年，美国科尔尼管理咨询公司（A.T.Kearney）发布了电商零售指数在全球范围内的排名，其中，美国在全球居于首位。

作为全球最大的跨境电子商务市场之一，如图1-4所示，2017年美国电商销售额达4092亿美元，相比2016年增长了13.6%，增长势头依然强劲。2019年美国电商销售额超过了5000亿美元，相比2010年增长了两倍以上。2020年受到新冠肺炎疫情影响，美国电商销售额增速提升明显，2020年8月美国商务部发布的数据显示，第二季度美国的电商销售额达到2115亿美元，较2020年增长了超过30%。另外，美国线上销售比例也从2010年的4.5%上升到了2019年的11.0%，占总销售的比值也逐渐升高。

（亿美元）

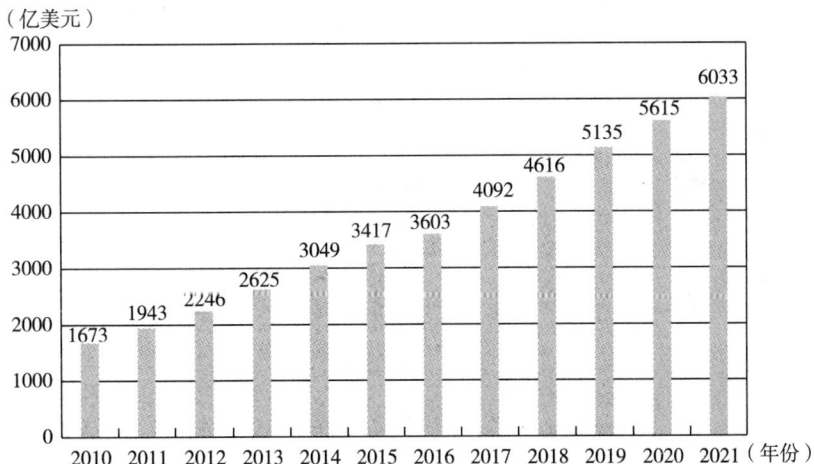

图1-4　美国电子商务销售额

资料来源：https://www.statista.com/.

美国的电子商务消费群体数量庞大，在总人口数为3.26亿的美国，网络用户数达2.87亿，在线购买数为1.84亿，且线上消费习惯相对成熟，庞大的消费者规模为跨境电子商务的发展奠定了基础。根据Statista公司提供的数据，2017年美国已有超过一半的消费者会在线上每月至少购物一次，有29%的用户会每周至少购物一次；移动端订单占比逐年提高则是另一个表现，eMarketer 公司声明，在2018 年美国移动电商销售额占总销售额比例为 39.6%。《2018 年跨境电子商务美国卖家的生存报告》称近年来美国的电商市场发展一直处于平稳状态，有超过 3500 亿美元的市场价值，保持在 15% 左右的年均增速，2018 年的在线零售占比首次超过 10%，并且该比例依旧在逐步上升。2018 年美国在线零售额为 4450 亿美元，预估 2027 年将超过 1 万亿美元。

在消费品类上，电子产品最受美国消费者的青睐，2016 年美国消费电子产品 616.8 亿美元，紧随其后的是服装 391.9 亿美元，家电产品 353.2 亿美元，电影音乐游戏、Hobby 和 Stationery、家具类、个人护理、体育用品、园艺宠物用品、玩具婴儿用品、首饰配件、食品饮料和鞋分列 4～10 位,[①]具体情况见图 1 - 5。

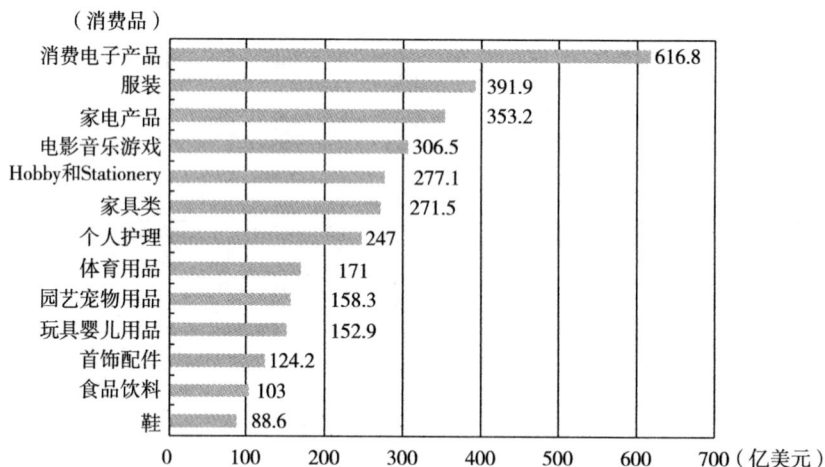

图 1 - 5　2016 年美国网购消费者购买类别排名

资料来源：https：//www.statista.com/.

---

① 朱贤强. 跨境电子商务对中国进出口贸易的影响研究［D］. 对外经济贸易大学博士学位论文，2020.

美国政府和商业组织尚没有发布跨境电子商务数据，从联合国贸发会议工作组 2019 年公布的一项估算可看到 2017 年美国跨境电子商务出口总额高达 1020 亿美元，据此可以推断美国仍然是跨境 B2C 出口的霸主。

美国的跨境电子商务平台竞争力极强。美国最大的电子商务平台是亚马逊（Amazon），亚马逊的网上零售商在全球拥有最多种类的商品，有 120 万新卖家在 2019 年加入了亚马逊，其中，美国站、印度站和英国站的新卖家达到一半以上。eBay 是兼有 B2C 和 C2C 的在线购物及拍卖网站，其 2018 年发布的一项针对用户的调查数据显示，63% 的卖家在 eBay 上都在做跨境电子商务。Wish 是一个美国跨境零售电商平台，主要面向发达国家的年轻和中低收入群体，利用愿望清单模式将产品分享和购买服务提供给用户。沃尔玛是传统线下零售的销售巨头，它也卷入了全球跨境电子商务行业的竞争。美国商家也利用外国跨境电子商务平台如中国的网易考拉来销售国内商品。特别是有意识地将"黑五"等消费文化与本国优势商品相结合，美国跨境电子商务交易额达到全球总额的 1/4，出口业绩逐年攀升。[①]

二、欧洲跨境电了商务的发展特点

（一）欧洲优越的跨境电子商务营运环境

首先，B2C 电商指数是联合国综合了互联网使用率、邮政可靠性等多项指标来衡量一个国家或地区电商市场水平的指标，如表 1 - 3 所示，在联合国 2019 年公布的数据中，B2C 电商指数有八个欧洲国家位居前十，荷兰以 96.4% 高居第一。另外，欧洲的 B2C 电商指数普遍较高，除黑山以外（黑山是欧洲巴尔干半岛西南部），大部分国家的 B2C 电商指数都在 70.0 以

---

① 朱贤强．跨境电子商务对中国进出口贸易的影响研究［D］．对外经济贸易大学博士学位论文，2020．

上，平均水平较高。① 整体上来看，欧洲电商营商环境比较优越，这对跨境电子商务发展非常有利。

表 1-3　B2C 电商指数排名前十的国家

国家	互联网使用率（%）	账户持有人比例（%）	服务器的安全性（%）	邮政可靠性（%）	2019 年 B2C电商指数（%）
荷兰	95	100	98	93	96.4
瑞士	94	98	95	95	95.5
新加坡	88	98	97	97	95.1
芬兰	94	100	90	94	94.4
英国	95	96	88	98	94.4
丹麦	98	100	100	79	94.2
挪威	97	100	86	91	93.4
爱尔兰	82	95	95	100	93.3
德国	92	99	94	86	92.9
澳大利亚	87	100	89	91	91.8

资料来源：联合国 Unctad B2C E - Commerce Index 2019。

其次，欧洲具有发达的物流。物流绩效指数可以衡量一个国家或地区的物流水平，可以用来测度一个国家或地区物流的时效性，基础物流设施的水平，当地的海关清关的效率、贸易供应链的水平、追踪查询货物能力以及货物及时到达的能力。根据世界银行发布的物流绩效水平报告，欧洲国家的物流绩效指数大都在 3.0 以上，整体都在 2.5 以上，其中，德国的物流水平最高。较高的物流绩效指数反映了欧洲整体上物流水平和供应链质

---

① 王雯. 中国出口跨境电商合规问题研究——以欧洲市场为例 ［D］. 吉林大学硕士学位论文，2020.

量高,对于电子商务在一个国家的成功渗透和整合起着至关重要的作用,经商的便利指数,对于吸引和留住电子商务企业也有重要作用,物流绩效水平高表明物流成本相对较低,有利于国外出口跨境电子商务在欧洲市场的拓展。

再次,欧洲跨境电子商务的电商立法比较完善。电商立法有两条准则:一是通过规范交易环境来树立消费者和企业的信心;二是构建欧洲单一数字市场来避免欧洲市场的内部分裂。《关于在远程合同订立中保护消费者权益指令》旨在协调各成员国在从事电子商务活动时涉及消费者权益保护的法律的分歧;欧盟发布的《隐私权指令》目的是对电信业务中涉及个人数据处理和隐私保护等内容进行规范;欧盟在《电子签名指令》中承认了电子签名的法律效力,为网上交易提供了有力的保障;欧盟的《电子商务指令》规范了 B2B 与 B2C 之间的法律关系,希望构建法律体系可以消除欧盟境内对跨境电子商务发展的阻碍因素,为电商服务提供了法律保障;欧盟98/34/EC 号指令是 2015/1535/EU 号指令的前身,该指令提出以下两点要求:一是为确保欧盟各国立法的一致性同时避免干扰和阻碍,各成员国须向欧盟汇报"信息社会服务"的技术规范准则;二是近年来欧盟在保护个人数据隐私方面最重要的法律成果是一般数据保护条例(General Data Protection Regulation, GDPR)。GDRP 只要符合保护的条件便会对所有欧盟公民的个人隐私数据进行保护,内容包括扩大欧盟数据保护法律边界,再次明确数据控制者、处理者的责任和义务,完善数据跨境转移和传输的保护规则以及对欧盟个人数据保护的行政管理体系进行改革等。

最后,欧洲互联网有较高的渗透率。互联网是电商发展的基础,北欧和西欧是互联网渗透率较高的地区,冰岛、丹麦、挪威分别是欧洲互联网排名前三的国家,他们的互联网普及率都高达98%,互联网渗透率较低的地区有东欧和南欧，如乌克兰的互联网渗透率远低于欧洲的平均水平，仅有64%。①

从在线网购率来看，欧洲各国之间的差异较大，瑞士在线网购率达88%，而乌克兰仅有22%的在线网购率。尽管冰岛的互联网普及率排名第一，但在线网购率只有76%，在线网购率排名第一的为瑞士，高达88%。这表明，在欧洲互联网的渗透率与在线网购率之间关系不大，除互联网之外，网购还受其他因素的影响，例如，购物习惯、物流水平等。无论是互联网渗透率还是在线网购率，虽然欧洲内部发达的地区与欠发达的地区有较大的差距，但欧洲平均在线购买率高，对电商的需求大。未来随着互联渗透率的提高，在互联网渗透率和在线网购率低的国家，电商的发展潜力巨大，中国出口跨境电子商务也将着重开发该类市场，具体情况见图1-6。

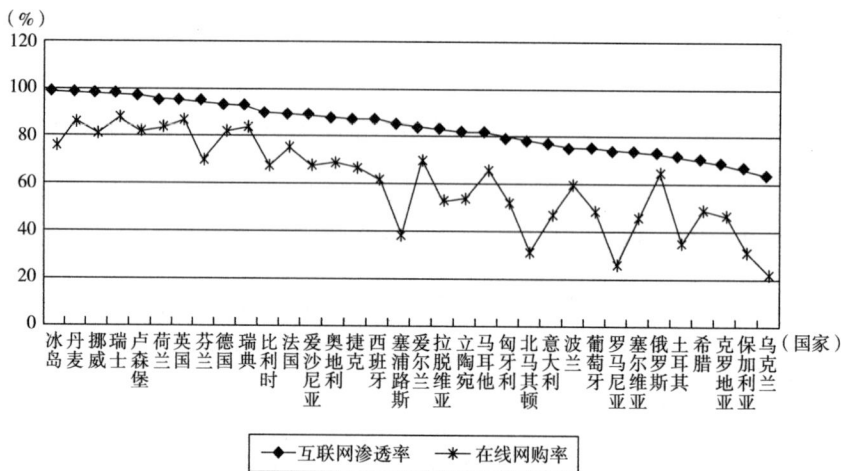

图1-6　2018年欧洲各国互联网渗透率和在线网购率

资料来源：*European Ecommerce Report* 2019。

---

① 李芬娟、易海峰. 我国跨境电商发展现状、问题及其出口贸易效应研究——以我国对欧盟的出口贸易为例 [J]. 商业经济研究，2019（17）：138-141.

（二）欧洲跨境电子商务起步早，发展成熟

欧洲同美国一样也是当今世界上跨境电子商务发展最繁荣的地区之一，根据 EuroStat 的统计，在 2015 年，欧洲有 5.16 亿的互联网用户数量，占总人口比例的 75%。互联网在线购物的用户数量达到 2.96 亿，占总人口的 43%。这两个数据都远超亚洲、非洲与拉丁美洲的总体水平。2015 年，B2C 电子商务营业额在欧洲便达 4453 亿欧元，年均增长率达到 13.3%，为欧洲跨境电子商务发展奠定了重要基础。

欧洲高度重视跨境电子商务发展，欧洲数字议程（DAE）是欧盟委员会制定的政策计划，意图使欧洲公民和企业从数字技术中更多获益，该计划设定了电子商务目标："到 2015 年，将有 50% 的人口应该在线购物，其中，20% 的人口应该实现跨境在线购物。"DAE 还包括一项使 1/3 的中小企业在线进行跨境采购的政策目标。图 1-7 显示 2011~2015 年欧洲商品及服务电商的销售情况。

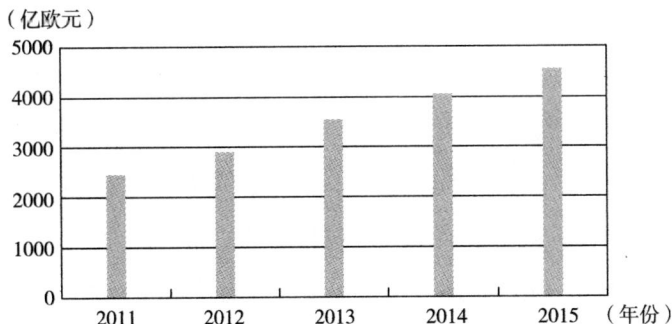

（亿欧元）

图 1-7　欧洲商品及服务电商销售额

资料来源：*European Ecommerce Report* 2019。

2011 年欧盟的电子商务总额约为 2400 亿欧元，其中，440 亿欧元是欧盟成员国之间的跨境贸易，60亿欧元是从欧盟以外国家进口的商品费用。到2019年欧洲的跨境电子商务交易总规模为1087.5亿欧元，比2018年增长了14.4%。其中，跨境电子商务的交易规模在2018年为22.8%，目前为23.55%，且在不断上涨。

市场研究公司（TNS）在2015年初对欧盟26个成员国的8705家公司进行抽样调查，得出跨境电子商务发展的制约因素特别是阻碍中小企业发展跨境电子商务的因素主要包括与跨境投诉和纠纷相关的贸易成本、供应商在国外销售的限制、较高的交货成本、对国外税收法则及其他相关法规缺乏了解等。

欧洲内部可分为三部分：北部的成熟市场、迅速增长的南部市场和新兴的东部市场。英国、法国、德国是最具活力的电子商务经济体，跨境电子商务是这三个经济体中增长最快的电子商务领域。以英国为例，根据Statista的统计，2016年英国消费者网购消费额居世界第一位，达到1900多美元，网购人口占比超过80%，网购销售总额增长率高达17.8%；2016年英国的各项指标中互联网接入率达到83%，移动手机覆盖率超过140%，信息化基础高度繁荣；其物流绩效指数（Logistical Performance Index）在所有国家中排名第八位，营商便利指数（Ease of Doing Business Index）居世界第七位，电子政务指数（E-government Index）更是位居世界第一，电子商务发展环境领先世界。从电子商务市场规模来看，排在欧洲前三位的国家是英国、法国和德国，德国是增长速度最快的国家，增长率在2013年便达到33%。由于不同的国情和消费习惯，欧洲主营跨境交易的网上零售店比例仅为27%，挪威、瑞典、丹麦、比利时、荷兰、卢森堡等国家的消费者在网上购买外国的产品已习以为常，2015~2018年的欧洲跨境贸易电子商务增长速度将超过20%。

欧洲跨境电子商务的基础设施和发展环境也在不断完善。例如，在支付方面，根据一项 WorldPay 的研究结论，2017 年欧洲交易的 70% 还是通过银行卡完成的，使用 PayPal 等电子支付的人数不足 15%。但到 2019 年，通过银行卡支付的网购比例则大幅下降，英国等下降到 50%，而电子支付（eWallets）的比重明显提升。

为推动跨境贸易电子商务的发展，欧洲也主动采取一系列措施来解决因国家不同而带来的语言、文化、法律、消费喜好和方式的差异问题。就支付手段而言，不同国家使用不同的支付方式，例如，荷兰的 Ideal、比利时的 Mister Cash、法国的 Carte Bleue，德国的 Sofortbanking、Giropay 等，欧洲跨境贸易电子商务的发展面临的一个难题是如何同时支持多种支付方式。另外，在立法环节中，欧洲就消费者权益和支付方式等方面也在积极寻求各国法律的配合。北美地区的两个大国是美国和加拿大，他们在语言、文化和经济一体化等方面有着巨大的优势，这有利于跨境电子商务的快速发展。美国拥有 2.55 亿互联网用户和 1.84 亿网购用户，是世界最大的电子商务市场之一。美国有着超过半数的跨境贸易电子商务企业，同时美国又是广受好评的跨境电子商务市场。由于加拿大的互联网和移动互联网普及率较高，因此，提升了银行服务业水平，并且 80% 的加拿大人都在靠近美国边境的区域生活，这自然而然地就与美国形成了市场区域。

（三）欧洲跨境电子商务发展空间广阔

欧洲是世界上规模最大电商的市场之一，欧洲经济三巨头英国、德国、法国持续占据领导地位，意大利 322 亿欧元和西班牙 246 亿欧元紧随其后。他们拥有完善的电商生态链，消费市场成熟、人口基数大、购买能力强、钟爱中国商品，不少中国企业借大型电商之力顺势而上，选择他们作为欧洲跨境电子商务第一站，导致竞争激烈，机会成本增加。与此同时，我们却忽略了在欧洲各地区还有很多具有增长潜力的国家，如图 1 - 8 所示，北欧、比利时、荷兰等国家在 2019 年中跨境购物占比高于英国、德国和法国，未来的市场价值不容忽视。①

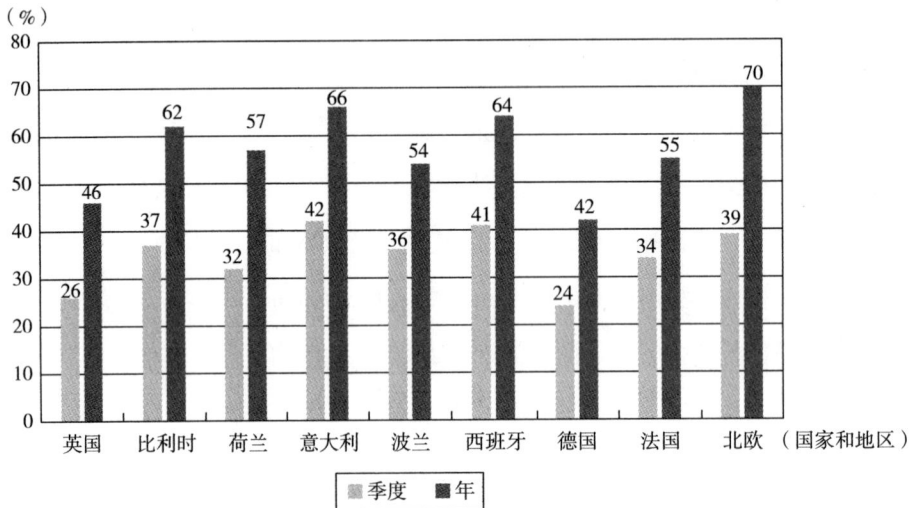

图1-8 2019年部分国家跨境购物占线上购物比

资料来源：2019年欧洲电商报告。

三、日本跨境电子商务发展特点

（一）日本跨境电子商务发展前景良好

幅员辽阔的区域，快速发展的经济及庞大的市场是亚洲的三大特点，中国、印度和日本是全球互联网用户数量排名前五的亚洲国家。中国和日本分别是全球第二和第三大经济体，亚洲经济的快速发展不仅为日本积累了财富，也挖掘了广阔的市场。在日本80%的人使用互联网，其中，约有

---

① 邹仕麟，熊睿. 中国中小型跨境电商出口企业欧洲市场发展研究 [J]. 商讯，2018（10）：118-119.

20% 的用户会跨境采购。日本是一个外贸大国，2014 年，其跨境贸易电子商务的进出口额在总进出口额中所占的比例达到 11.9%，该比例未来还会增加。可预见的未来跨境电子商务发展最快的区域是亚洲。

虽然日本电子商务起步较晚，但发展速度较快。据 Ecommerce Foundation 统计，2016 年日本共有 1.162 亿互联网用户，日本拥有 8600 万网上购物者，占比超过 74%。2019 年，日本有着 25.9 亿美元的跨境电子商务市场规模，预计 2020～2030 年的复合年增长率将达到 7.5%，到 2030 年这一数字将达到 57.4 亿美元。

日本的互联网基础设施完善增加了消费者的网上购物频率，吸引世界跨境电子商务企业陆续进入该国市场。在电子商务发展环境的各项指标中，日本的物流绩效指数（Logistical Performance Index）在所有国家中排名第 12 位，营商便利指数（Ease of Doing Business Index）居世界第 34 位，电子政务指数（E-government Index）位居第 11，是电子商务市场发展的适宜场所。至 2019 年 6 月，约 93% 的日本人使用互联网，该国互联网用户数在全球排名第七。这也吸引了电商龙头企业快速进入日本，目前日本的跨境电子商务平台主要包括 Amazon、Rakuten、Apple、DMM 等企业。

跟其他国家相同，尽管日本 B2B 模式下的电子商务市场规模远大于 B2C 模式的规模，但 B2C 的增速更快。2014 年 B2B 的电子商务市场规模约为 195 兆日元，比 2013 年增长了 5%，而 B2C 的电子商务市场规模则达到 12.8 兆日元，比 2013 年增长了 14.7%。根据日本经济产业省的数据，2008～2014 年，日本 B2C 电子商务市场的复合年均增长率（CAGR）达 10.8%。

虽然日本电子商务发展速度较快，但电子商务占国民经济的比重并不高，根据 Ecommerce Foundation 的估计，2017 年日本的 e-GDP 按日元计价将上升到 1.59%，与欧洲国家的平均水平差距较大。究其原因发现日本线下实体销售发达、竞争激烈，商家可获得的利润非常少，网购与之相对比价格优势并不明显，对消费者的吸引力较小；同时，物流成本问题、市场集中度不足问题以及日本消费者特殊的消费偏好等都是导致出现这一现象的原因。

在消费品类上，根据 Royal Mail 的数据，2016 年日本消费者最青睐的消费品前五位分别是食品饮料、书籍、服装、虚拟电子产品和化妆品，在所有网购消费者中，共有 39% 的用户在该年度购买了食品饮料，而其他四类则依次分别为 29%、24%、19% 和 17%。在消费品类的偏好上，日本同欧美国家有着相当大的差异。①

从整体分析来看，跨境电子商务作为一种国际通行的商务模式，正在日益为日本企业所重视，并有逐步扩大的趋势。日本电子商务推进协议会调查显示，1998 年日本 B2B 规模为 8.62 万亿日元，1999 年增长到 12.32 万亿日元，2000 年越过 20 万亿日元大关，达 21.6 万亿日元水平；2001 年则进一步上升到 34.027 万亿日元，4 年时间实现了 4 倍增长，电子商务化比率（指以电子商务方式进行的贸易占国内贸易的比率）也达到了 5.04%。日本电子商务推进协议会曾推算，2006 年，日本 B2B 将拥有高达 125.4 万亿日元的市场规模，与 2001 年相比增长了 3.69 倍，同时电子商务化比率将达到 17.5%。

日本经济产业省发布了《平成 30 年电子商务市场调查报告》一文，调查报告显示，在日本跨境电子商务中交易规模最大的合作伙伴是中国。2013 年，日本对中国的跨境电子商务出口总额为 3902 亿日元，2014 年达到 6064 亿日元，2015 年增长至 7956 亿日元，2016 年为 10366 亿日元，2017 年为 12978 亿日元，年均增长率达 35.05%。如图 1-9 所示，2018 年日本通过利

① 朱贤强. 跨境电子商务对中国进出口贸易的影响研究［D］. 对外经济贸易大学博士学位论文，2020.

用本土的跨境电子商务平台与中国进行交易，跨境贸易进口额达到 261 亿日元，出口额达到 15345 亿日元。日本对中国跨境贸易的进出口总额为 15606 亿日元，较 2017 年同比增长约 20.25%；借助于本土跨境电子商务，日本消费者和企业与美国进行了跨境贸易，其进口额为 2504 亿日元，出口额达到 8238 亿日元。日本对美国跨境贸易的进出口流量总额达 10742 亿日元，与 2017 年相比增长约 13.61%。近年来日本的跨境电子商务在海外发展迅速，在海外市场竞争中的地位也越来越重要。

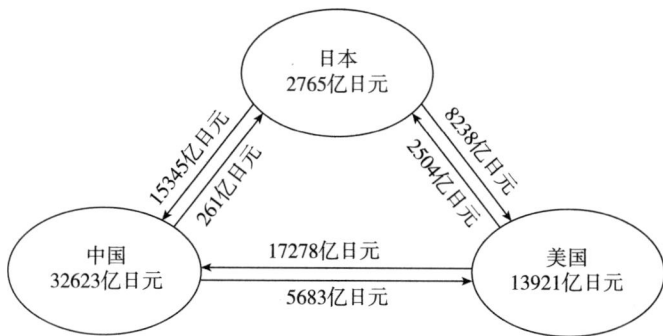

图 1-9　2018 年中、美、日跨境电子商务市场规模

资料来源：《平成 30 年电子商务市场调查报告》。

从整体来看，日本跨境电子商务市场规模增长较为迅猛，尤其是中日间贸易成交额增速较快，表明两国跨境贸易合作关系日趋紧密。从跨境贸易流向来看，三国中日本的跨境电子商务输出额达到了 23583 亿日元，输出额为三国最大；同时输入额最小，约为中国的 1/12，美国的 1/5。①

①　胡方，高荣璨. 日本跨境电子商务发展的特征、原因及其启示［J］. 贵州商学院学报，2020（1）：48-49.

（二）日本跨境电子商务发展的多元化

利用国内的 B2B 和 B2C 开展跨境业务是日本跨境电子商务的一种发展模式。B2B 是不同国家的企业直接通过互联网进行产品、服务和信息交换；B2C 则是为不在同一境内的企业和消费者提供商品说明页面的语言翻译、客服、跨境支付和商品物流配送服务的电商平台，商家向电商平台支付相应的手续费，而消费者只需支付消费金额即可。日本这两类平台的特点在于，假设只有一家大型企业，则这家大型企业是平台的主导，中小型企业跟随这家大型企业；如果有几家大型企业，那么平台由这几家大型企业共同主导，其他中小型企业依旧保持跟随，由此便产生了大企业主导模式。除了这一种发展模式之外，日本跨境电子商务还有国外 C2C 电子商务平台模式和国外开设自营 B2C 电子商务模式，日本贸易振兴机构（JETRO）还积极建设日本商品在国外的保税区，商家事先将商品运送到保税区指定区域内的仓库，在收到订单后可以直接从保税仓库配送，这样可以更好地满足不同消费者的需求。

多元化的跨境电子商务平台支撑着丰富的跨境电子商务模式。日本的本土电商平台和国际平台数量繁多，例如，乐天凭借其多元化的产业布局，不仅向日本消费者提供海外商品，还积极地将电子商务产业拓展到南美、北美、亚洲和其他各国；B2C 网站的亚马逊、日本雅虎不仅为消费者开通了自助购物通道，还在国外跨境商务平台的支持下开通了直邮业务，能够直达国外消费终端；时尚电商平台 Stylife、走走城（ZOZOTOWN）、优衣库等都在积极与国际电商平台开展合作，如国外全球购和海外购，外国消费者能够利用国际转运渠道直接购买商品；专注于出口跨境市场的日本跨境电子商务服务平台有 STARDAY Jshoppers、CLUB JAPAN、JChere 和 Nissen。除此之外，还有药妆、保健品类等多个专门平台。日本多元化的跨境电子商务平台不仅丰富了跨境交易形式，还为消费者提供了多种选择，增加了消费者的主动权。①

（三）日本政府支持跨境电子商务的发展

发展跨境电子商务是日本新经济时代的一项重要国策，日本曾寄希望于发展电子商务来促进经济发展。日本政府开放电信行业和金融行业，这一行为推动了互联网和电子商务的发展；日本民间注重电子商务与日本现有条件的结合，充分发挥了原有的销售和物流配送体系的优势，在 B2C 方面创造出了自己的特色。可以说近年来日本的跨境电子商务发展有着优异的成绩。

在外资方面，在日本政府的扶持推动下，日本近年跨境电子商务发展迅速，在这种乐观前景诱惑下，美国的私人资本和风险投资不断进入日本，例如，2000 年通用电气公司与日本大和证券合作对未上市公司投资了 1.8 亿美元；戈德曼—萨克斯集团与日本京都陶瓷公司合作建立了一个 300 亿日元的基金，并对日本高科技企业进行了投资。对长期处于低迷状态的日本经济来说，这些源源不绝的金融投资毫无疑问是一剂强心针。

在政策方面，日本一直推动和协调跨境电子商务发展，致力于通过打造一个良好发展环境和提供政策支持来调动企业积极性，试图利用先进技术和管理经验为本土企业打开跨境电子商务的大门。2000 年 6 月，日本政府颁布了《数字化日本之发端——行动纲领》，该纲领明确提出要针对跨国界电子商务在各国的实况建立合适的格式合同文本和纠纷处理程序。日本国际经贸部还同私人机构展开合作，开展了促进电子商务发展的计划。2004 年启动的计算机辅助采购和后勤支持（CALS）计划把推动研究开发部门到生产部门的过程数字化当作目标。2009 年又推出"I – Japan"战略，定下 5 年内构建一个充满活力、以人为本的数字化社会的目标。日本独立行政法

---

① 胡方，曹情.日本电子商务发展现状与特点分析［J］.经济研究，2016（4）：4–9.

人中小企业基盘整备机构举办了"2015 年跨境电子商务节"。此外，政府还经常免费举办讲座，主题是如何利用 Handbook 和 Youtube 等网站。从整体上来看日本政府对整个行业进行了富有前瞻性的规划，民间机构则从具体操作层面提供了支持，中小企业跨境电子商务的成功概率得到了极大提高。

从法律制度的建设来看，一套较为规范、完备的法律体系已经在日本形成。首先，日本国内有较多的技术法律和标准名目，家用按摩器便涉及《电器产品安全法》《药事法》《资源有效利用促进法》三种法律。其次，《高度信息通信网络社会形成基本法》在日本电子商务法中处于纲领性地位，因为其内容借鉴了《全球电子商务框架》和《欧洲电子商务倡议》，因此也被称为"IT 基本法"。日本针对公平交易和产品安全等问题制定的相关法律都是把此法当作立法核心：如涉及保护消费信息权利的《电子签名与认证服务法》和涉及互联网交易的《消费者合同法》，这些法律能够对日本跨境电子商务的进出口行为进行较为严格的法律监管。

四、俄罗斯跨境电子商务特点

（一）俄罗斯跨境电子商务发展潜力较大

俄罗斯是世界上最重要的新兴经济体之一，其跨境电子商务市场起步晚、发展较快，特别是俄罗斯的跨境电子商务发展势头非常迅猛，呈现跨境电子商务发展中国家的"后发优势"。这一点从俄罗斯的网络环境、电商平台、物流配送系统和支付系统以及市场规模可以看出。

1. 俄罗斯跨境电子商务的网络发展环境

电商网络环境可以从互联网普及率、互联网基础设施和网民规模中窥探一二。近几年俄罗斯政府不断加大互联网基础设施建设，因此，浏览网速增长了许多，不仅增加了在线服务内容，也降低了上网成本、增加了网民的浏览消费体验。为提升俄罗斯的互联网普及率，俄罗斯政府及时地采取了各项措施。2006 年，俄罗斯政府宣布为俄罗斯境内的全部学校提供宽带服务，启动电子政府项目，积极服务于政要人员选举和政府信息公开建设。

从网民规模和互联网普及率来看，俄罗斯在 2008 年的互联网普及率仅有 25.4%，而到了 2017 年，在总人口数为 1.43 亿的俄罗斯其网民人数就超过 1 亿，不到十年的时间互联网普及率更是高达 75.8%，俄罗斯也因此成为欧洲互联网使用用户数量最多的国家。图 1 - 10 是 2008 ~ 2017 年俄罗斯的互联网普及率。[1]

互联网普及率（%）

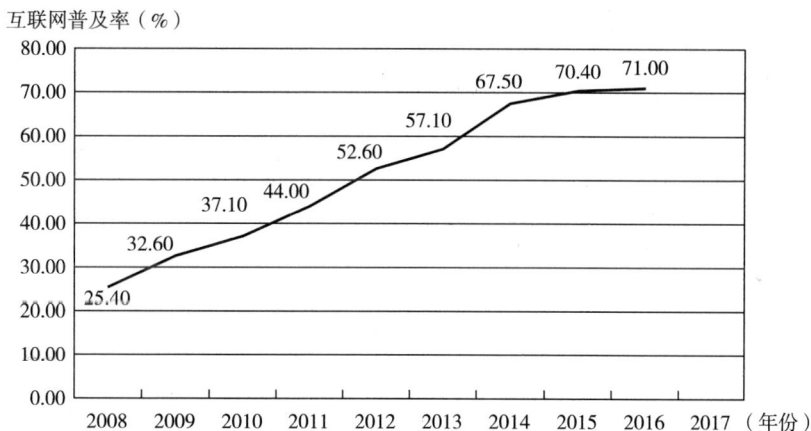

图 1 - 10　2008 ~ 2017 年俄罗斯互联网普及率

资料来源：http://sputniknews.cn/russia/201801171024499058/.

2. 俄罗斯跨境电子商务平台

随着俄罗斯电子商务的火爆发展，大量的电商平台不断涌现。目前俄

---

[1]　苏振江. 俄罗斯电子商务发展情况及启示［J］. 黑龙江金融，2017（7）：71 - 73.

罗斯约有 300 万本土电商网站，包括 Ozon、Citilink、DNS - shop 等比较主流的电子商务网站。这些网站也是在俄罗斯成交额最多的网站，其中，主营电子产品，同时也销售玩具和动力设备的 Ulmart 更是被称为京东商城在俄罗斯的翻版，该网站在俄罗斯的本土电商平台交易中排名第一，在 2014 年平台交易额达到 8.51 亿美元，2015 ~ 2016 年即便受俄罗斯当局政治、经济影响，平台交易仍超 10 亿美元。Citilink、DNS - shop、Ozon 等平台也有着很好的发展趋势，Ozon 在 2018 年上半年的交易额达到 148 亿卢布，增长了近 76%。

3. 俄罗斯跨境电子商务的物流配送和支付系统

在物流配送系统上，俄罗斯的跨境电子商务较多集中在人口分布密集的地区，像圣彼得堡、莫斯科、摩尔曼斯克、新西伯利亚这些地区。俄罗斯的网购购买力，主要是中央联邦区的购买力比较强，像圣彼得堡、莫斯科的购买力占据了全俄罗斯约一半的市场份额，但 Data Insight 经过研究表示，自 2015 年以来，远东地区、小城市和村镇、人口数百万的城市的网上购物购买量的增长速度非常快。[①] 由于较大的国土面积使快递公司比较短缺，因此，俄罗斯的物流配送被邮政 Russian Post 垄断，且因为俄罗斯的地理环境，很多地区因为物流配送问题导致跨境电子商务很难发展起来。为了能够不断扩张自己的市场份额，很多大型电商企业不得不斥巨资在物流上为偏远地区交通不便的居民提供商品和服务。一些大型的电子商务零售商也试图通过其他渠道来解决物流配送问题。目前出现了 EMS、DPD、CDEK、UPS、DHL 这些发展规模较大的速递公司，也因为速递公司的发展，俄罗斯邮政的垄断地位已开始出现动摇。制约俄罗斯电子商务发展的最重

---

① 张金萍，郑伟. 中俄跨境电子商务物流体系存在问题及解决对策 [J]. 商业经济，2021 (5)：61 - 63.

要因素之一是物流业。在支付系统方面，跨境电子商务的发展需要有配套的支付系统作支撑。现金、银行卡、网银、短信支付 Web 和电子钱包、离线支付自助、移动设备无触摸支付等是俄罗斯的主要支付方式。在这些支付方式中，据 Mediascope 2017 年的调查，有 88.9% 的被访者使用的是银行卡，相比 2017 年增长了 12.2%，网银支付用户达到 87.2%，有 36.3% 的受访者采用的是移动无触摸支付方式。银行卡支付系统使用的较为普遍的是国际知名的 MasterCard 和 Visa，Visa 在俄罗斯有 65% 的市场，另外，35% 则是 MasterCard。但也有部分消费者因为银行佣金要在 23% ~25% 而选择使用现金支付消费。而电子钱包支付方面使用的较多的是 Yandex、WebMoney、Paypal、Qiwi 四种，其使用率分别为 44%、43%、36%、35%。据 TNS 的调查，电子钱包的使用率在手机网购用户中是较高的，这一点也和智能手机的普及有关，电子钱包移动版本的普及率一直在增长。除了能够在线购物之外，电子钱包还能缴纳家庭水电费，支付电影、游戏、音乐等多种支出。网店为了能够尽可能多地吸引消费者而试图接受所有知名的电子钱包来支持网购消费者的付款。

4. 俄罗斯跨境电子商务发展的市场规模

欧洲最新兴、最具发展潜力的跨境电子商务市场位于俄罗斯。2011 年俄罗斯的跨境电子商务交易额达到了 101 亿美元，至今该数额更是增长到了 199.8 亿美元，翻了近一倍，年增长率约为 14%，但在 2014 年以前该指标是在 30% 之上的，2013 年俄罗斯跨境电子商务交易额为 164 亿美元。2014 年达到 50 亿美元，2017 年达到 119.8 亿美元，其中，进口交易额为 59.1 亿美元，出口交易额达到 60.7 亿美元。2018 年俄罗斯的进出口跨境电子商务交易额达到 147 亿美元。从这些数据可以看出，近年来俄罗斯跨境电子商务占全部电子商务贸易的比重在不断增长，从 2010 年的 8% 增长为 2019 年的 31%，通过跨境电子商务渠道进行国际采购的消费者数量也越来越多。2015

年俄罗斯出口包裹在 70 万件左右，进口包裹约在 1.3 亿，2018 年 1~9 月，俄罗斯处理了从世界各地抵达俄罗斯的 2.589 亿件包裹，相对于 2017 年同比增长 25%，比 2016 年增长了 56%。2018 年俄罗斯电子商务市场交易额为 255 亿美元，同期跨境销售率约为 30.4%，据此可以推算出当年俄罗斯跨境电子商务交易量为 76.5 亿美元。

长久以来，中俄双方保持良好的经贸关系，在稳定的政治经济环境下，中俄贸易额不断稳定上升。AKIT 和中国商务部的统计结果可以表明，2018 年中俄贸易额为 1070.6 亿美元，增速达到了 27.1%，其中，中俄两国的跨境电子商务规模超过了 40 亿美元，同比增长 23%。2018 年外国企业向俄罗斯客户共计发送 3.8 亿件包裹（与 2017 年相比增长了 30.1%），92% 的订单来自中国，其次是欧盟（3%）和美国（2%）。根据俄海关局统计，2019 年中俄双边贸易额同比增长 2.5%，达到 1109.19 亿美元，继续高于 1000 亿美元大关。随着两国关系不断提升以及跨境电子商务的发展潜力，未来两国贸易额有望再创新高。①

（二）俄罗斯政府大力支持跨境电子商务发展

俄罗斯政府对电子商务的发展采取支持的态度。在跨境电子商务平台方面，俄罗斯政府支持跨境电子商务平台的出现和成长，俄罗斯的本土电商网站约在 300 万以上，包括 Ozon、Citilink、DNS - shop 等比较主流的电子商务网站。同时俄罗斯政府和中国政府进行了口岸的监管结果互认，这一工作使货物通关的时间被节省了许多，提升贸易便利性的同时也促进中俄贸易额的增长。在跨境电子商务法律方面，中俄签订了《中华人民共和国海关总署和俄罗斯联邦海关署关于集装箱运输商品供应链安全和贸易便利

---

① 张唯. 中俄跨境电商平台发展中的问题及对策分析——以速卖通为例［D］. 天津商业大学硕士学位学位论文，2020.

的议定书》，中俄双方可以依据协议书规定进行物流监管信息资源的互换和共享，这在很大程度上提升了海关作业率、缩短了跨境货物通关的时间。

五、东南亚国家跨境电子商务特点

（一）东南亚跨境电子商务有较大的发展潜力

东南亚地区的互联网用户约有 3.3 亿[①]，近年来，随着互联网渗透率和电商渗透率的快速增长，跨境电子在该地区的发展潜力逐步显现，东南亚市场已成为中国第三大跨境电子商务出口市场，仅次于美国和欧盟的电子商务市场。东南亚跨境电子商务崛起与该地区经济和人口稳定增长、完善的个人信息保护法律制度、互联网和手机普及、政府支持等原因有关。

1. 经济和人口稳定增长

东南亚地区正处于高速发展的阶段，经济维持稳定增长、人口资源充足，综合实力和国际竞争力不断提升，具有广阔的消费市场。在经济发展方面，图 1 – 11 反映了东南亚近 10 年的 GDP 增长情况，2008～2018 年，东盟平均 GDP 增长率始终保持在 5% 左右，高于世界平均的 2% 以及经济发达的欧美地区的增长速度。在全球经济持续疲软时[②]东盟经济展现了十足的韧性，2018 年东盟的国内生产总值（GDP）为 2.95 万亿美元，成为仅次于美国、中国、日本和德国的世界第五大经济体。

基数大、增长快、年轻劳动力较多是东南亚人口增长的特点。在东盟的超过 6.5 亿人口中，中青年为人口主要结构，20～54 岁占总人口数的 50.6%，

① 朱贤强. 跨境电子商务对中国进出口贸易的影响研究［D］. 对外经济贸易大学博士学位论文，2020.
② 黄蓝青. 东南亚和非洲市场跨境电商平台商家选品策略研究［D］. 华南理工大学硕士学位论文，2020.

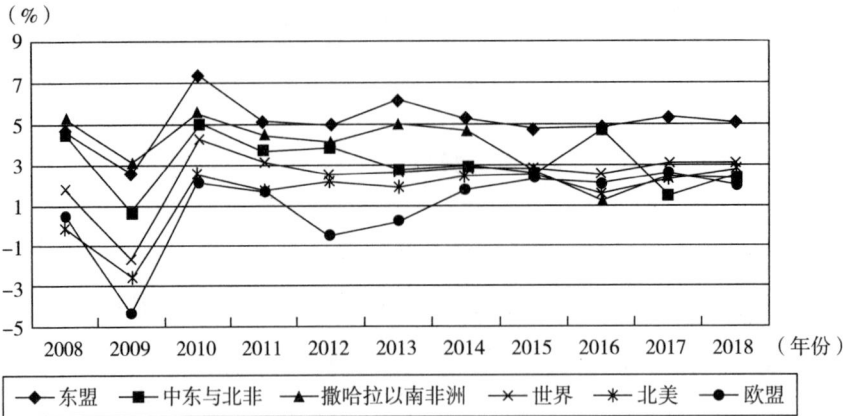

图 1 – 11　2008 ~ 2018 年东盟非洲与其他经济体的 GDP 增长率变化情况

资料来源：https://www.shihang.org/zh/home.

预计未来十年东盟劳动力人口平均年均增长率为 1.0%。随着经济的发展，中产阶级数量在不断扩大，据 IMF 估计，至 2030 年，东盟地区的中产阶级总数约为 4 亿人，占人口总数的 55%。在人口红利的影响下，东南亚的零售业将迅猛发展，在线电商平台的消费显著增长。东南亚各国的经济人口发展区域差异较为明显。2018 年东盟各国的经济与人口情况如表 1 – 4 所示，总体来看，印度尼西亚是经济和人口总量最多的东南亚国家，拥有 1.04 万亿美元的 GDP 总量和 2.68 亿的人口数，市场空间广阔；菲律宾、越南和泰国也拥有庞大的潜在消费者，人口均在 6000 万以上；虽然新加坡和马来西亚人口相对较少但经济发展良好，总体经济和人均 GDP 排名靠前。

　　总体来看，尽管区域发展不平衡，但总体快速增长的经济和充足的劳动力资源，为东南亚的电子商务奠定了重要基础。经济增长是消费需求的前提，庞大的人口基数提供了大量潜在的电商消费者，同时充足的年轻劳动力也是电商产业发展的必要条件。

表 1-4 2018 年东盟十国经济与人口情况

国家	GDP（亿美元）	同比（%）	人口（百万人）	同比（%）	人均 GDP（千美元）	同比（%）
印度尼西亚	10421.7	5.15	267.67	1.1	3.89	1.3
泰国	5049.9	4.1	69.43	0.6	7.27	10.5
新加坡	3641.6	3.3	5.64	0.5	64.58	7.1
马来西亚	3543.5	4.7	31.53	1.4	11.24	13.1
菲律宾	3309.1	6.2	106.65	1.4	3.1	4.0
越南	2249.5	7.08	95.54	1.0	2.56	8.0
缅甸	712.1	6.7	53.71	0.6	1.33	6.4
柬埔寨	245.7	7.3	16.25	1.5	1.51	8.6
老挝	181.3	6.5	7.06	2.9	2.57	6.2
文莱	135.7	12.1	0.43	2.4	31.63	10.7
合计	29490.1		653.91		129.68	

资料来源：https://www.shihang.org/zh/home.

2. 完善的个人信息保护法律制度

东盟简称 ASEAN，是世界上第一个签署电子商务协议的地区，该协议有三个主要目标：一是使跨境电子商务贸易便利化；二是打造电子商务应用互信环境；三是促进区域经济增长，深化东盟各国合作。东盟各国的企业相互访问、数据传输更加方便，在线纠纷解决机制在保护消费者权益、保障个人信息安全方面发挥了重要作用。

3. 互联网和手机普及助推电商发展

近几年东南亚的互联网经济发展迅速，随着收入的增加、互联网普及率不断提高，互联网用户数量逐渐扩大、参与度提高。Hootsuite 发布的全球数字报告显示，2019 年东南亚地区的互联网渗透率已经达到 60%。谷歌和淡马锡的联合报告显示，2018 年东南亚的互联网经济规模为 720 亿美元，预计 2025 年将增长至 2500 亿美元。随着智能手机日益普及、移动通信服务广泛覆盖，东南亚的互联网用户也在不断增长，2018 年东南亚的互联网用户已达 2.6 亿，每日互联网的平均使用时间为 4 小时 56 分，有着世界第一的用户活跃度。电子商务快速发展与东南亚地区互联网经济的兴起密不可分，2015 年东南亚的电子商务市场规模为 55 亿美元，2018 年增长到 230 亿美元，复合增长率达 62%，预计 2025 年规模将超过 1000 亿美元。图 1 - 12 为东南亚六国电子商务市场规模的增长情况，可以看出，东南亚六国的电商市场规模都在高速增长，印度尼西亚 2015 年的电商市场规模为 17 亿美元，2018 年增长至 122 亿美元，复合增长率高达 94%，凭借惊人的增长速度位列第一，预计到 2025 年将增长至 530 亿美元。印度尼西亚是东南亚最大的经济体，在东南亚拥有最大的市场份额，2018 年 GDP 增长 5.2%，人口超过 2.69 亿，其中，互联网用户 1.33 亿，国民的消费热情在经济水平的带动下持续高涨，2018 年印度尼西亚的第一季度消费者信心指数为 127 点，超过亚太地区平均值 115 点。

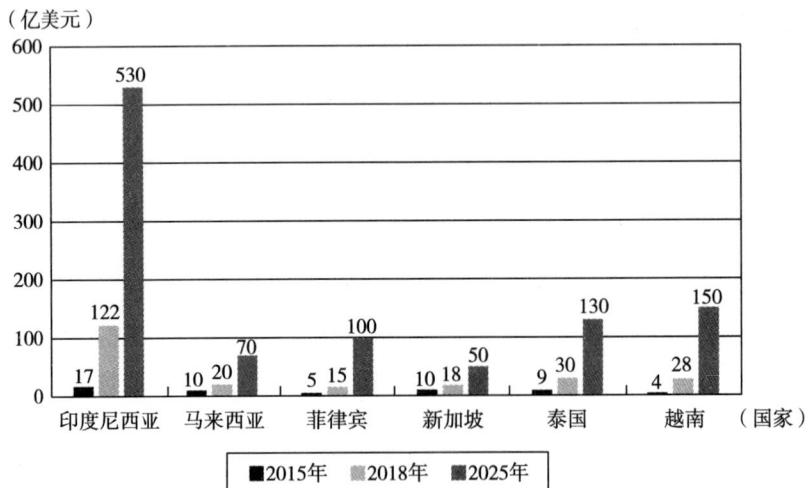

图 1 - 12　2015 ~ 2025 东南亚六国电商市场规模增长情况

资料来源：2018 年东南亚电子商务报告。

4. 政府鼓励跨境电子商务发展

东盟跨境电子商务基地的设立是得到政府支持和帮助的，电子商务协调委员会由东盟建立，任务包括确定电子商务范畴、研究非政府部门角色、与国际开发机构展开合作，共同推进东盟电商的发展。位于东盟的跨境电子商务总部基地于 2015 年 3 月在南宁举行启动仪式。这是一个具有运营、经贸交流、人才培养、物流配送以及产业园等六大核心功能的高端电子商务综合项目。总部基地的建立不仅拓宽了东盟对外贸易的渠道，还增进了各国间的交流协作。

时下全球最火的跨境电子商务战役集中在东南亚地区，东南亚的电商市场可谓风起云涌，近年来，该地区的跨境电子商务发展潜力逐步显现。[①]

从区域发展来看，东南亚区域包括十几个国家，拥有 6.4 亿人口，人口总数占全球第三，其中，泰国、菲律宾、越南约有 1 亿人口数，而印度尼西亚拥有 2.6 亿人口，是东南亚人口最多、跨境电子商务发展潜力最大的国家。但东南亚国家的电子商务销售额度很低，占社会整体零售额的 1% ~ 2%，印度尼西亚电子商务在社会整体零售额中也仅占 1.2%，而同一时间中国的电子商务发展占社会整体零售额的比例为 15.5%，且随着东南亚国民可支配收入的提高，中产阶级家庭数量逐渐增加，网络用户数量正在飞速增长。2020 年东南亚地区已拥有 4.8 亿网民。随着网络用户的快速增长，在马来西亚、新加坡、印度尼西亚、菲律宾、越南、泰国等区域，一个亟待开发的跨境电子商务市场逐渐形成。新加坡的网络用户最多，电商市场也比较成熟，马来西亚市场活力较充足，虽然泰国、印度尼西亚、越南和菲律宾的电子商务市场的发展还处于初期，但也为东南亚电商市场贡献了

---

① 曾静. "一带一路"倡议背景下我国与东南亚地区跨境电商的发展研究［J］. 电子商务，2021（5）：67 - 69.

一分力量。基础设施条件的完善扩大了原有的电商市场的规模,给跨境电子商务的商家带来了众多发展机会。因此东南亚市场有着广阔的商业空间。

由此来看,东南亚具有最大的跨境电子商务市场发展潜力。东南亚的电商市场还处于刚刚兴起阶段,跨境电子商务正在高速发展,未来潜力无限。一方面,东南亚的经济发展前景十分乐观,经济平稳、人口增长速度快、越来越高的智能手机利用率和互联网渗透率都是电商产业良好外部环境的基础;另一方面,中国与东南亚电商的密切合作也为跨境电子商务的开展奠定了良好基础。

(二)东南亚的本土跨境电商平台潜力巨大

东南亚电商市场是缺乏全球品牌的电商平台,本土电商平台在当地更受欢迎。东南亚月均访问量超过 100 万的电商平台共计 12 个,如表 1-5 所示。由表 1-5 可知,Shopee 和 Lazada 占据主导地位,月均访问量分别达到 1.98 亿和 1.62 亿,业务范围可覆盖大部分东南亚地区,是东南亚广受欢迎的电商平台;Tokopedia 排在第三名,但访问量仅有 7240 万,不到第二名 Lazada 的一半,业务范围仅覆盖印度尼西亚;亚马逊、eBay 这类全球电商平台排名靠后,月均访问量仅有 300 万和 140 万,远低于东南亚本土电商。除了一家主营时装以外,其他东南亚电商平台的主营商品都是全品类。

表 1-5　2020 年东南亚电商平台月均访问量

平台名称	覆盖区域	主营商品	月均访问量(百万)
Shopee	东南亚	全品类	197.8
Lazada	东南亚	全品类	161.7

平台名称	覆盖区域	主营商品	月均访问量（百万）
Tokopedia	印度尼西亚	全品类	72.4
京东	全球	全品类	18.3
iPnce	东南亚	全品类	14.0
Zalora	东南亚	时装	7.7
QoolO	东南亚	全品类	7.0
淘宝	中国	全品类	6.2
亚马逊	全球	全品类	3.0
天猫	中国	全品类	1.8
eBay	全球	全品类	1.4
Lelong my	马来西亚	全品类	1.2

资料来源：https：//www.captainbi.com/.

总体来看，东南亚地区的电商平台以本土电商为主，亚马逊、eBay等电商巨头难以与本地的电商平台竞争。因此，对于新手卖家来说，入驻东南亚市场的门槛相对较低、成功率更高，无须面对来自全球品牌电商巨头与众多竞争者的压力。

六、我国跨境电子商务特点

（一）我国跨境电子商务呈指数式增长

我国跨境电子商务产业发展迅速的原因有三个：

（1）我国发展的宏观环境有利于跨境电子商务行业的发展。近年来，随着我国不断加快的贸易一体化进程与深入实施的"互联网+"战略，作为运作载体跨境电子商务产业也呈现指数式增长。商务部和海关总署称，2016年我国跨境电子商务产业拥有6.3万亿元的市场规模，与2015年相比增长23.5%。当时艾媒咨询预测在2018年这一数据可达8.8万亿元。同时我国跨境电子商务用户的数量也在不断增长，2016 年与 2015 年相比，最终用户数量增长了 78.3%。在扩大对外开放的背景下，跨境电子商务逐渐成为我国对外贸易增长的新动力，在国际贸易中越来越重要。当前，我国在不断创新跨境电子商务交易模式，努力拓展跨境电子商务的市场规模。区块链、大数据和人工智能等技术也被应用到跨境电子商务领域，跨境电子商务产业的效率将会明显提高。

（2）不断加大的国内政策支持力度和日渐完善的跨境电子商务发展的制度环境。2013 年之后，中国跨境电子商务发展势头迅猛，同时政府也出台了相关政策加大对该行业的支持力度，力图打造一个良好的税收政策环境，促进社会资金投入平台的建设。在政策方面，"一带一路"倡议不断推进使"丝路电商"逐渐成为我国跨境出口电商发展的新趋势。2015 年政府接连发布了 24 号文件和 40 号文件有关电子商务发展的重磅政策，2018 年 11 月，由财政部和海关总署等机构联合发布的《关于完善跨境电子商务零售进口税收政策的通知》表现了我国发展跨境电子商务的决心。在平台方面，2015 年，杭州跨境电子商务综合试验区正式运营，此举为该行业发展奠定了环境基础。近几年得益于政策环境的改善和规范，中国跨境电子商务产业迅速发展，同时也能更好地指导跨境电子商务的健康可持续发展。①

（3）跨境电子商务业务在国内兴起，跨境电子商务的多元化主体丰富了跨境电子商务产业，创新了众多跨境电子商务平台和跨境电子商务模式，促进了我国跨境电子商务产业的发展。

按照不同类型的需求方可将跨境电子商务分为 B2B 和 B2C 两种模式，B2B 是 Business to Business 的缩写，B2B 供需双方在大多数情况下是商家，

---

① 钊阳，戴明锋．中国跨境电商发展现状与趋势研判［J］．国际经济合作，2019（6）：24－27．

依托互联网平台完成交易。B2B 模式为我国贡献了 90% 的跨境电子商务交易额，敦煌网、中国制造、阿里巴巴国际站等是该模式下的代表企业。B2C 是 Business to Customer 的缩写，它直接与消费者面对面进行产品销售和服务，是在互联网平台上进行的商业零售。阿里巴巴、全球速卖通、敦煌网和跨境通等是该模式下的代表企业。

依据服务类型不同，跨境电子商务企业可以分为两类：信息服务平台和在线交易平台。信息服务平台是指不同境内的供需双方通过跨境电子商务网站来实现供需信息的对接并通过网络营销完成交易，阿里巴巴国际站、环球资源网、中国制造网等企业是代表企业。在线交易平台的功能是为企业提供产品和服务等多方面的信息和支持在平台上进行搜索、咨询、下单、支付、物流等在线购物项目，阿里巴巴全球速卖通、敦煌网、兰亭集势和跨境通等企业是在线交易平台的代表企业。预计在线交易平台是未来跨境电子商务的主流模式。

依据平台运营方式来划分可将跨境电子商务分为第三方平台和自营平台，第三方企业是指吸引商家入驻，通过为商家提供信息技术、支付和物流等服务，在互联网平台上帮助商家将产品和服务销往境外，敦煌网、速卖通、环球资源是第三方平台的代表企业。自营平台与外贸公司的电子商务模式类似，平台采取整合手段从供应商售价和进价差中获得利润，兰亭集势、米兰网和大龙网等是自营平台的代表企业。①

阿里巴巴是中国最早进入电子商务的公司，该企业秉持着"让天下没有难做生意"的理念，通过不断创新在十几年的时间内创建了由 B2B 阿里巴巴网站、淘宝、支付宝和阿里云组成的互联网商业集团。2014 年阿里巴

---

① 黄曼嘉．我国电子商务企业国际化战略研究——以阿里巴巴为例［D］．重庆大学硕士学位论文，2017.

巴在美国上市，凭借 218 亿美元的融资额创造了美股历史上规模最大的 IPO，阿里巴巴至此成为全球备受瞩目的互联网企业。

阿里巴巴把跨境电子商务作为发展的重要内容之一，并且已开始为此进行全球谋划。2014 年，乌镇举办了以"跨境电子商务和全球经济一体化"为主题的世界互联网大会分论坛，阿里巴巴董事局主席马云称让国外商品更便利地进入中国市场是我们今后努力的方向。阿里巴巴集团首席运营官张勇表示阿里巴巴跨境电子商务领域的目标是通过阿里平台连接全球的消费者和商家，让世界在互联网的帮助下走得更近。从 2014 年的"双十一"开始阿里巴巴就进行了全球的谋划，结果显示 217 个国家的消费者参与了阿里的"双十一"狂欢。这说明跨境电子商务的生命力非常旺盛。另外，阿里旗下的互联网支付板块是支付宝，目前支付宝在尝试打开走向世界的大门，力图与其他国家的电子商务网站实现对接，努力让中国的消费者在国外的电子商务网站选择满意的产品后依旧可以用支付宝支付。①

敦煌网是跨境电子商务 B2B 平台，主要给中小外贸企业和中小采购商提供服务。通过使用 Email 营销、电子邮件营销（EDM 营销）的方式，敦煌网创新了 B2B 跨境电子商务出口的运作模式，冲破了阿里巴巴对外贸电商出口领域的长期垄断地位。通过自建的 EDMSYS 平台和 EDM，敦煌向全世界的买家快速传递中国出口的商品信息，国外买家也可以在敦煌网上自主订阅直接营销（DM）商品的英文信息，买家的角色由被动变为主动，除此之外，敦煌网还为商家联系客户与买家，承诺成功交易之后再支付费用，② 这一行为打破了传统电子商务"会员收费"的经营模式，极大地缩减

---

① 徐萌萌．中国跨境电商发展的现状及问题研究——基于阿里巴巴的 SWOT 分析［D］．安徽大学硕士学位论文，2016.

② 袁旭立．我国跨境贸易电子商务发展现状及主要问题研究［D］．对外经济贸易大学硕士学位论文，2015.

了市场费用，提高了交易速率。

为促进跨境电子商务服务功能的发展，自建立上海自贸实验区后又建立了一个跨境电子商务试点项目——"跨境通"。希望在自贸区的支撑下逐步建立起与跨境电子商务相匹配的一套系统如海关监管、检验检疫、退税、跨境支付和物流等。

互联网技术和经济全球化使中国的跨境电子商务大量兴起。图 1 – 13 与图 1 – 14 是 IResearch 数据结果，这两个图显示，我国跨境电子商务在 2013 年便拥有 3.1 万亿元的市场规模，同比增长 31.3%，占我国进出口总额的 11.9%。到 2017 年，这一数字达到 8 万亿元，在我国进出口贸易总额中占比 23.1%，因此，未来跨境电子商务势必将成为我国进出口贸易的一个重要部分。

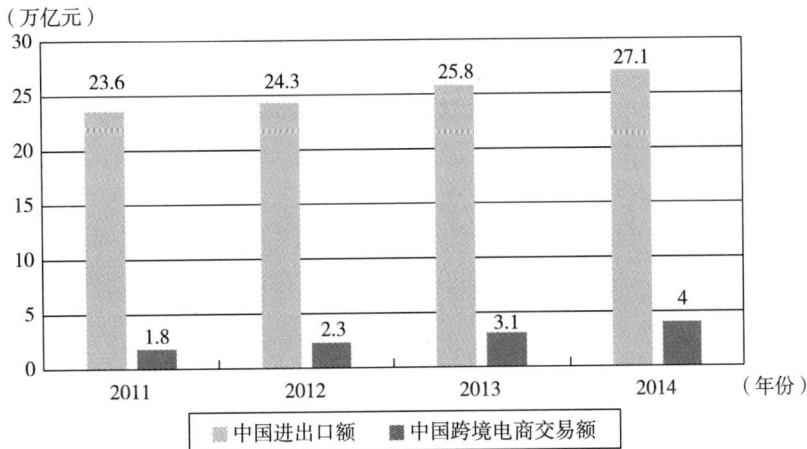

图 1 – 13　2010 ~ 2017 年中国进出口额和中国跨境电商交易额比较

资料来源：https://www.iresearch.com.cn/.

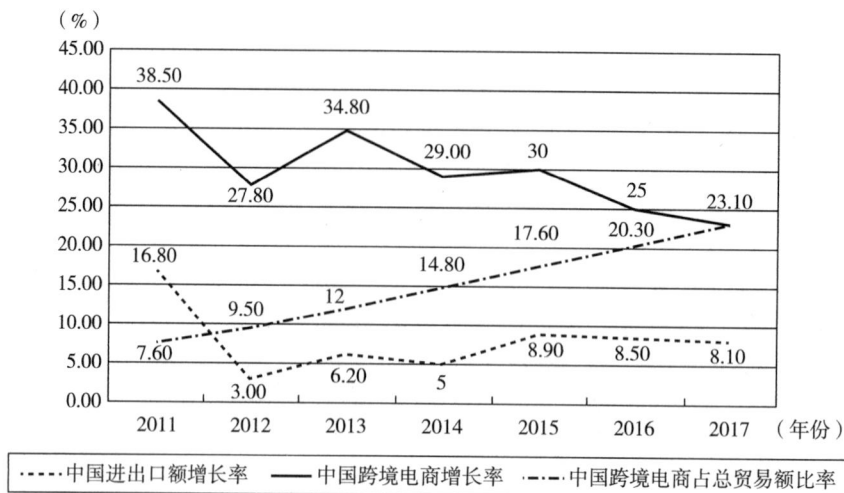

图 1-14 2011~2017 年中国进出口额和中国跨境电商增长率比较

资料来源：https：//www. iresearch. com. cn/.

中国进出口贸易因受全球经济复苏缺乏动力、人民币升值、国内劳动力和材料价格上涨等因素的影响而增速放低，当时有专家预计 2017 年之前，我国进出口总额的年增长率将保持在低于 10% 的数字。而中国跨境电子商务增长态势强劲，这与之形成了鲜明对比。中国跨境电子商务在 2015 年的增长率约为 30%，未来几年将超过 20%。显然在增长速度方面跨境贸易电子商务占有优势。跨境电子商务占我国进出口额的比重将快速增加，2016年其占中国对外贸易总额的比例在 20% 以上，而且之后的增长态势非常强劲，我国外贸增长要靠跨境电子商务来推动。

如图 1-15 所示，从结构来看，2013 年中国跨境电子商务的进、出口比例分别为 11.8% 和 88.2%，从量上来看，出口远大于进口。图 1-13 为2010~2017 中国跨境电子商务的进出口额情况（其中 2014~2017 年为预计值），可以看出，跨境电子商务在我国依旧以出口为主，且出口比例长期超过了80%，我国跨境电子商务进口额在稳定增长，到2017年进口占比达到了16.2%。

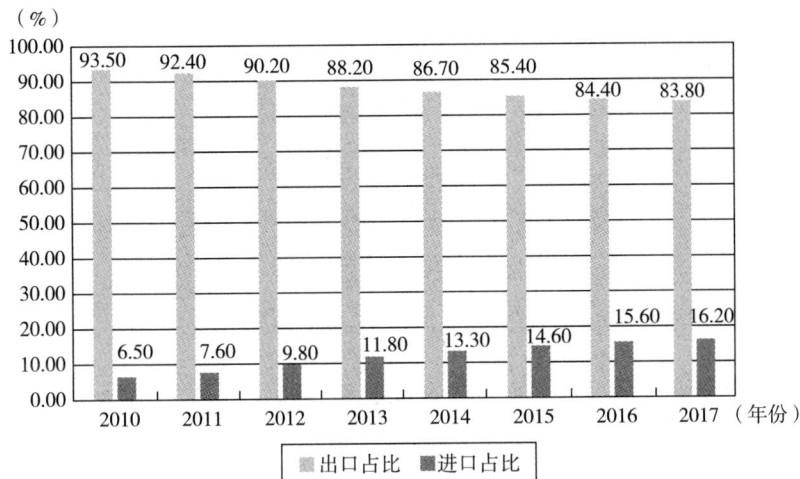

图1-15　2010～2017年中国跨境电商交易规模进出口结构

资料来源：https://www.iresearch.com.cn/.

跨境电子商务可以依据不同的消费者类别分为B2B和B2C，图1-16为2010～2017年两种不同类型的跨境电子商务在我国的占比情况，2013年B2B类型占93.9%，而B2C仅占6.1%，由此可知，B2B模式是我国跨境电子商务的主要模式。B2B模式的发展速度会略低于B2C，且B2C在我国跨境电子商务中占比势必会提高。

经过十几年的发展，中国的电子商务市场已趋于成熟，跨境电子商务借助于这一大环境也呈现了高速增长的态势，形成了一条较为完整的产业链，从中也产生了大量新兴企业。

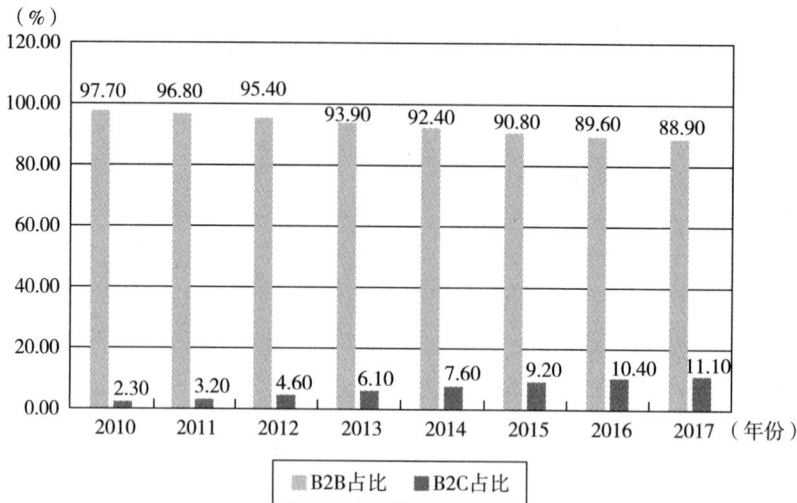

图 1 – 16 2010 ~ 2017 年中国跨境电商 B2B 与 B2C 交易结构

资料来源：https：//www. iresearch. com. cn/.

我国的电子商务发展是从 20 世纪 90 年代初期开始的，进入 21 世纪后呈现指数式增长，主要原因是我国信息化基础设施的不断完善、城乡居民收入水平的快速上升，以及完整的工业体系等。联合国贸发会议的数据显示，2015 年中国在全球范围内的电子商务市场规模排名世界第三，仅次于美国、日本。在 B2C 电子商务市场上，2013 年中国超越美国成为全球最大的网络零售市场，成为当前世界引领电子商务增长最为重要的力量。

图 1 – 17 国家统计局数据显示，中国电子商务的交易规模在 2004 年为 0. 93 万亿元，2016 年便增长到了 26. 10 万亿元，12 年间增长超过 28 倍，增速从刚开始的逐年上升，到 2009 年出现一个较大幅度的放缓，随后又逐年上升，在经历了 2012 年、2013 年两年的小幅度回调后，增速在 2014 年达到最大，同比取得了 57. 6% 的增幅，2016 年与 2015 年相比增长了 4. 31 万亿元，同比增速为 19. 8% 。可以看出，我国电子商务交易规模增速的特点

为日趋平稳的高速增长。

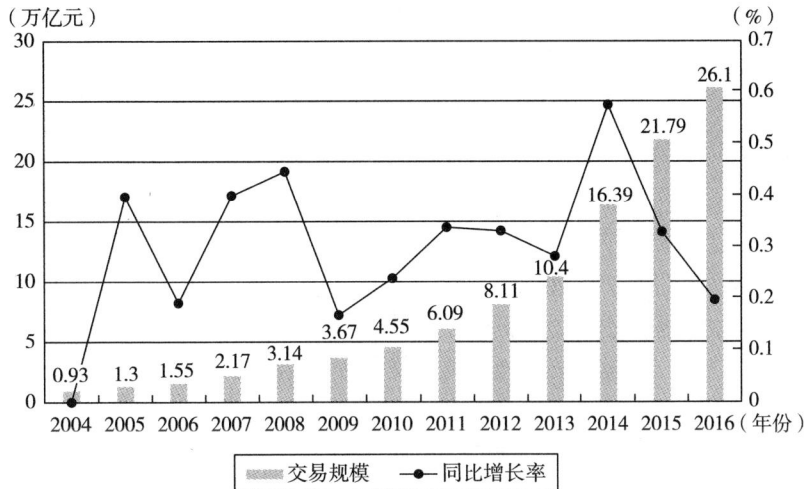

图 1 - 17   中国电子商务交易总额及增长率

资料来源：http://www.stats.gov.cn/.

在数据监测报告中，中国电子商务研究中心给出了我国电子商务市场交易规模在 2011~2016 年的数据。报告中显示的我国的交易规模未达到国家统计局给出的数据，我国电子商务市场交易规模在 2016 年为 22.97万亿元，低于国家统计局报告的 26.10 万亿元，但增长的趋势基本保持一致。

我国电子商务发展对于 GDP 的贡献率也在不断攀升，GDP 水平处于全球领先水平，Ecommerce Foundation 显示，2017 年我国电子商务市场规模将占到 GDP 总额的 5.8% 以上。

按照商业模式划分，电子商务市场交易规模在统计测算时主要分为 B2B 电商和网络零售（B2C 和 C2C）两类。中国电子商务研究中心的数据显示，

2011 年，中国 B2B 电商市场交易规模达到了 4.90 万亿元，至 2016 年便增加至 16.70 万亿元，在 2016 年增速达到了 20.14%，虽有所下降，但仍是较高的一个增长速度。具体数据见图 1–18。

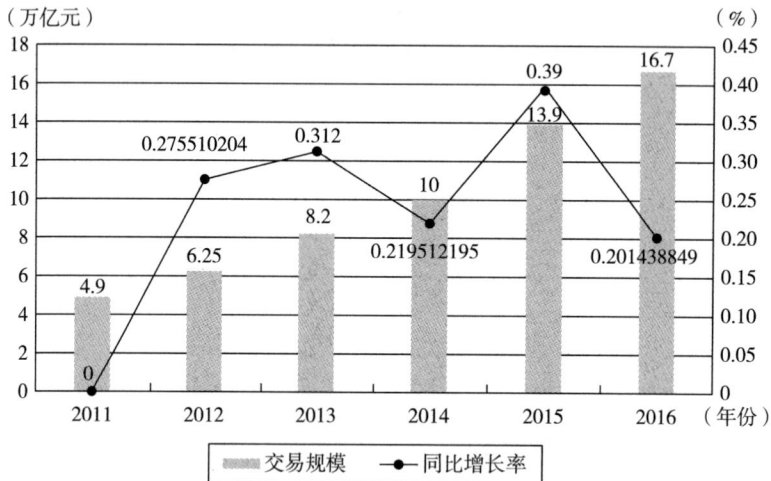

图 1–18　中国 B2B 电商市场交易规模

资料来源：中国电子商务研究中心《2016 年度中国电子商务市场数据监测报告》。

与 B2B 电商相对应的网络零售虽然在交易规模上不及前者，但同样在经历着高速的增长。如图 1–19 所示，2011 年中国网络零售市场交易规模为 0.78 万亿元，2016 年网络零售市场交易规模增长至 5.16 万亿元，2015 年之前增速一直保持在 40% 以上，2016 年下降到 26.2%，但仍是一个很高的增幅。中国电子商务研究中心也给出了 2011~2016 年中国网络零售市场交易规模的数据，该数据与商务部数据基本一致，2016 年市场规模为 5.33 万亿元，2017 年该规模达 7.57 万亿元。

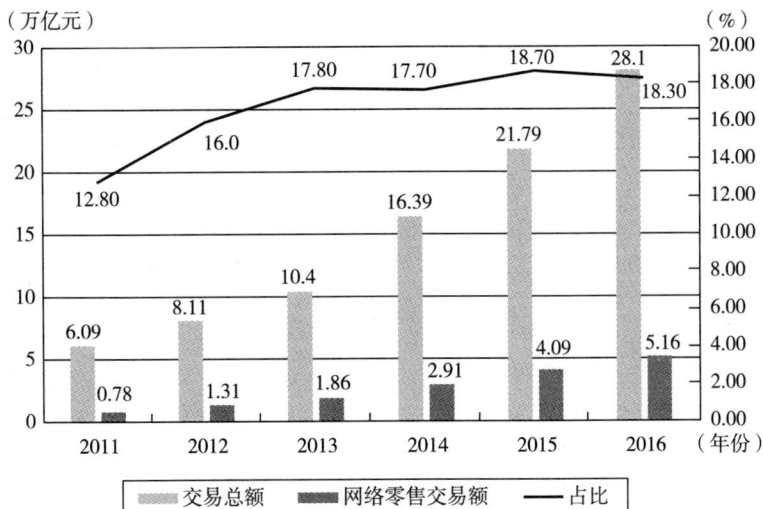

图 1-19　中国网络零售交易额占电子商务总额的比重

资料来源：http://www.stats.gov.cn/.

　　支撑电子商务，特别是其中的网络零售发展最关键的一环是网络购物用户数量。中国是世界上网民数量最多的国家，网络购物用户数量同样惊人，如图 1-20 所示，2016 年中国网购用户数量达到 4.67 亿，而 2011 年这一数字还只是 1.94 亿。以 2016 年中国 7.3 亿的网民数量来看，网购用户数量仍有较大的增长空间，仍然是促进网络零售发展的有力支撑点。

　　（二）我国跨境电子商务近年来发展集中化

　　20 世纪 90 年代末期是我国跨境电子商务市场萌芽时期，我国电子商务发展大体上经过了三个发展阶段：第一阶段，即所谓的跨境电子商务 1.0 时代始于 1999 年阿里巴巴国际站成立，结束于 2004 年敦煌网创立；第二阶段，即跨境电子商务的 2.0 时代（2004～2013 年）；2013 年被称为中国"跨境电子商务元年"，也是跨境电子商务的 3.0 时代开始的年份。在技术进步、消费升级、产业支撑、信用保障的推动下，我国跨境电子商务的市场规模和商业模式都出现了日新月异的发展。

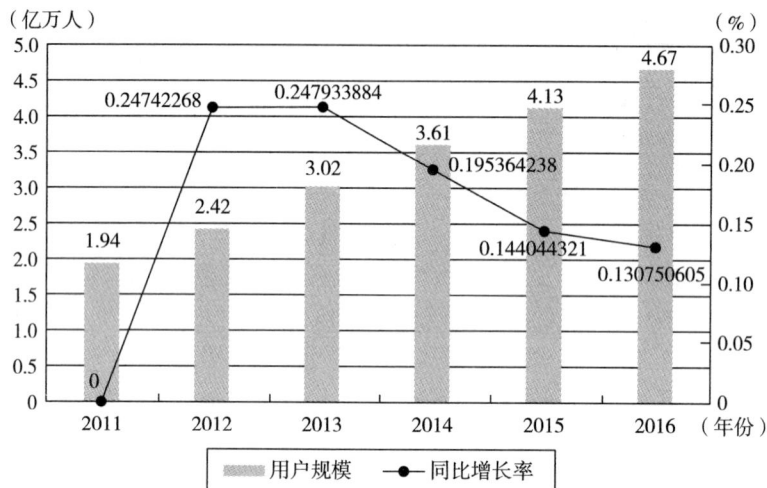

图1-20　中国网购用户规模

资料来源：阿里研究院《2017 金砖国家电子商务发展报告》。

从市场总体规模来看，我国跨境电子商务交易规模增长速度非常快。中国电子商务研究中心报告显示，如图1-21所示，该交易规模从2011年的1.70万亿元增长至2016年的6.70万亿元，交易规模几乎翻了两番，但未达到中国电子商务研究中心给出的数据。艾媒咨询测算的交易规模数据介于两机构之间，2016年为6.70万亿元，同比增速为23.5%，同时还预测2017年、2018年分别为7.50万亿元和8.80万亿元。综合以上多家机构的数据和预测，可以认为中国跨境电子商务市场交易规模在2016年已超过6万亿元，并将继续以较高的速度增长。跨境电子商务市场现在已经是我国对外贸易增长的重要推动力。

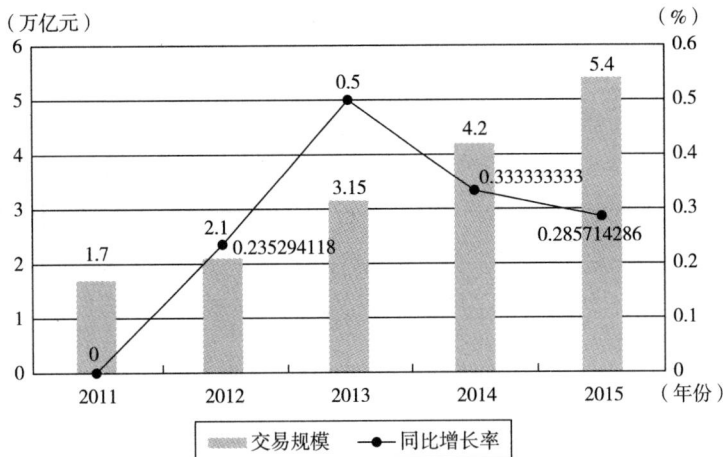

图 1 - 21　中国跨境电子商务交易规模

资料来源：中国电子商务研究中心《2016 年度中国电子商务市场数据监测报告》。

我国跨境电子商务的市场作为电子商务市场的一个有机组成部分，在扩张上与我国整体电子商务同步，国内电商市场的增速略低于部分年份的增长速度。如图 1 - 22 所示，2011~2016 年，我国跨境电子商务交易额所占比重长期稳定在 22% 左右。

正如网购用户对于电子商务起重要支撑作用一样，跨境网购用户同样是跨境电子商务的关键一环，在很大程度上其规模及增速是跨境电子商务，特别是跨境电子商务进口的增长的重要支撑。中国电子商务研究中心的监测数据显示，2013 年我国跨境网购用户规模达到了 1000 万人，2016 年增加至 4200 万人，2016 年同比增速达到 82.6%，2017 年可以达到 5000 万人，具体数据见图 1 - 23。艾媒咨询也给出了海淘用户规模的数据，与此基本一致，2016 年规模为 4100 万人，预测 2017 年、2018 年可以分别达到 5800 万人和 7400 万人。①

---

① 朱贤强 . 跨境电子商务对中国进出口贸易的影响研究 ［D］. 对外经济贸易大学博士学位论文，2020.

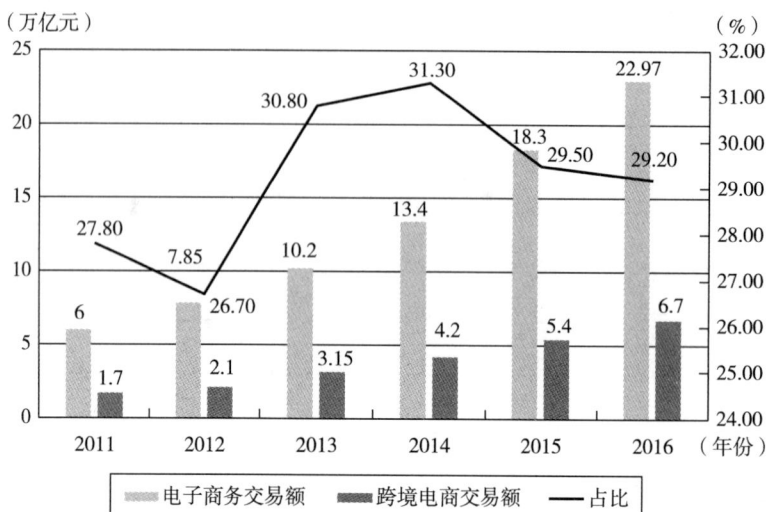

图 1-22 跨境电商交易额占电子商务交易额的比重

资料来源：中国电子商务研究中心《2016 年度中国电子商务市场数据监测报告》。

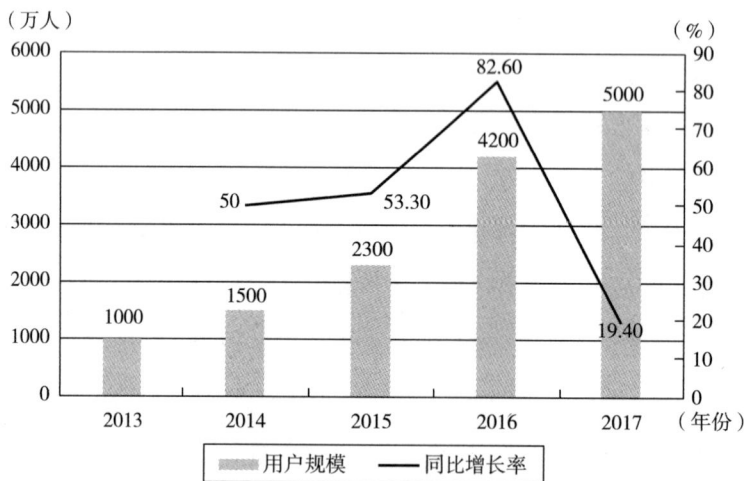

图 1-23 中国跨境网购用户规模

资料来源：中国电子商务研究中心《2016 年度中国电子商务市场数据监测报告》。

（三）我国日益增大的跨境电子商务市场与规模

2018 年根据海关跨境电子商务管理平台的统计，我国零售进出口商品总额为 1347 亿元，总额增长了 50%。其中，出口额为 561.2 亿元，比之前增长 67%，进口为 785.8 亿元，较过去增长 39.8%。近三年来中国跨境电子商务零售进出口额年均增长率在 50% 以上。中国电子商务研究中心的数据显示，中国跨境电子商务总交易规模（含零售及 B2B）在 2017 年达到了 7.6 万亿元，是 2013 年的 2.8 倍。2013～2017 年我国跨境电子商务的年均增长率在 20% 以上，与同期贸易进出口总额的增速相比较高。2013 年跨境电子商务占贸易进出口总额的比重为 10.47%，2017 年提高至 27.35%，超过 1/4 且这一比重在不断增长。另艾瑞咨询的数据显示，跨境电子商务在 2018 年的交易规模超过 9 万亿元，2020 年达到 12 万亿元，跨境电子商务正在拉动中国经济发展和外贸增长。

当前，跨境电子商务发展市场广阔。从总体规模来看，在用户规模超 1 亿人的情况下，2012 年起我国跨境电子商务市场规模的增长速度始终保持在 50% 以上，2018 年该交易规模达到 9 万亿元，其中，2018 年的进出口总额占比由 11.5% 上升到 37.6%，虽然我国进出口总额近两年在下降，但跨境电子商务在增长，跨境电子商务行业生命力顽强。阿里巴巴推算，2020 年我国跨境电子商务交易额将达到 12 万亿元，三年的复合增长率和渗透率分别为 16.44% 和 37.6%，中国的跨境电子商务发展前途一片光明。从进出口结构来看，2020 年我国跨境电子商务出口占比高达 86.7%。预计未来这一比例还会上升，受线上购物市场和消费者网购行为的影响，进口电商未来发展前景良好，以海淘为代表的境外购物方式更受国内消费者青睐，预计跨境电子商务进口占比会日渐升高。

（四）我国跨境电子商务已进入成熟增长期

良好的政策和发展环境不断壮大行业的市场规模，在整体出口总量相对稳定的前提下，普通贸易正逐步被跨境电子商务出口代替。自 2012 年以来，在跨境电子商务中出口一直占据主导地位，中国跨境电子商务在 2018 年的出口占总体比例达到 78.9%，进口比例达到 21.1%，一系列因素如庞大的海外市场和外企的转型升级都促进了出口电商的快速崛起，吸引了众多的企业；该市场的发展空间随着消费升级和扩大进口的政策而变得更广阔，国外零售商品利用跨境电子商务模式的优势如交易流程扁平化和服务集约化等能更快更好地把商品交付给中国消费者。2018 年 12 月底，我国有 8850 万用户跨境网购，比之前的数据增长了 34%。

（五）我国不断拓展的跨境电子商务市场领域

从合作指数来看，跨境电子商务平台的发展带动了中国跨境电子商务零售进口渗透率的增长，该比率 2014 年为 1.6%，到 2017 年增长至 10.2%。随着深入贯彻实施"一带一路"倡议，中国与以东欧、西亚和东盟国家为代表的沿线国家在跨境电子商务方面的联系日渐紧密，这有利于我国电商行业发展。从产品需求与消费结构方面进行分析，民间商贸的日益活跃加深了海外消费者对中国的电商平台及商品的了解，因此国外消费者网购的商品种类日渐丰富。生活消费、3C 电子和服饰类商品是在跨境电子商务中出镜率较高的商品，随着新品类扩展到家居园艺和汽配等行业，新的空间将会出现，在海外销售的商品中增长比率较快的是智能产品、汽车配件、运动户外和美容健康，较能得到国外消费者青睐的是手机、电脑和网络产品、电子配件以及家居用品。食品、酒类、家纺、水果、钟表和海产等产品是进口数量较多的商品。在电商贸易中服务贸易的地位也不容小觑。

（六）我国跨境电子商务模式趋于多种方式并存

我国的跨境电子商务平台分为两类：自营类平台和平台类平台。自营类企业将商品的采购、运输和销售作为主要任务。平台类企业为买卖双方提供交流平台，平台的产品种类多样。主要靠按销售额收取一定比例的佣金及广告费用来盈利。由于先行采购的存在，因此，对平台的资金和选择商品水平要求非常严格。把控成本赚取产品差价为其盈利模式。从未来发展和产品的质量与种类等优势考虑，目前跨境电子商务企业将"自营 + 平台"类型作为发展趋势。

从交易模式来看，新的贸易模式容易在新时代外贸条件下产生，B2B 电商平台对促进企业向新贸易模式转型具有重要地位和作用。随着平台在全球贸易参与者中快速渗透，在此基础上，在平台上越来越多的有贸易需求的买家和有跨境供应实力的卖家达成交易，接收高频的碎片化订单也更加方便。在跨境电子商务中交易占比方面，B2B 为 83.2%，B2C 为 16.8%；在跨境电子商务支付交易规模方面，中国跨境电子商务网显示 2018 年交易同比增长 55.03%，规模达 4944 亿元；进出口贸易会随着跨境电子商务的发展而逐渐增长，跨境电子商务模式也需要与趋于个性化、精致化、多样化的消费方式相适应，代购和海淘发展更应该规范化，消费体验、消费便捷和售后服务应该提到更加显眼的位置。从业务模式来看，虽然 B2C 占比在逐年提升，但我国跨境电子商务的主导模式依旧为 B2B。

中国初期的跨境电子商务发展以 B2B 模式为主，电商平台的主要功能是商品展示、信息交流、发布信息与广告以及撮合交易。在 B2C 模式下，跨境电子商务平台企业直接与境外最终买家对接，采用航空小包、邮寄和国际快运等运输方式将商品交付到消费者手中，一般报关主体是未被纳入海关登记的邮政或快递公司。在 B2C 模式快速发展的同时，由最初的海外代购演变的跨境电子商务 C2C 模式迅速盛行，并逐渐成为主流跨境电子商务模式。之后几年，由于产品质量参差不齐、售后服务保障不力等因素，传统的 C2C 平台逐渐不能满足消费者的需求，小的 C2C 平台逐渐被一些规模较大的 B2C 平台并购，较大规模的 B2C 平台成为最主要的模式。2015 年之后，随着"互联网＋"的创新应用，跨境电子商务 B2B2C 模式开始建立，货物实现批量运输到境内保税仓，缴行邮税出仓。这种模式可以减少运输成本，缩短配送时间。跨境电子商务的另一种新的模式O2O，即在线下建设实体体验店，将线上购物和线下体验结合起来，提高顾客的用户体验。"社交网络＋跨境电子商务"模式是由跨境电子商务与社交平台结合形成的。上海小红书通过运营网络虚拟社区论坛，培育客户群体，利用大数据技术，发掘社区讨论的热点商品，精准锁定进口商品品种。2018 年，电子商务新模式、新业态发展迅速，具体代表有社交电商、小程序、短视频等。有关研究机构的统计数据显示，中国社交电商每月有 1.7 亿的活跃用户，能够满足消费者多层次、多样化的需求，除此之外，电商用户还激发了中小城市和农村地区的消费潜力。

（七）我国跨境电子商务促进产业集聚和转型升级

党的十九大报告指出，"要发展对外贸易，培育贸易新业态和新模式，加快推进贸易强国建设"。跨境电子商务是随着"互联网＋外贸"的发展而产生的一种贸易新模式，是促进外贸转型升级的引擎。跨境电子商务综试区为跨境电子商务的发展提供了可借鉴的经验。各综合试验区通过采取鼓励跨境电子商务与外贸企业对接，推动跨境电子商务主体集聚和支持企业培育品牌和营销网络的方式带动产业升级。郑州的发展促进了周边地区服装和家具等特色产业的集群发展与抱团出口。东北老工业基地有 2000 多家中小微企业，大连正在极力推动这些企业"触网"。杭州实行"TOP 100"计划，首批推动 100 个重点出口品牌扩大出口成效明显；杭州还组织实施两轮 B2B 专项行动，帮助当地 6000 多家传统外贸和生产企业上线营销，效果明显。杭州综试区深入实施品牌战略，制定时长三年的品牌行动计划，大力支持跨境电子商务企业发展品牌经营，与大型平台企业合作展开"百家中国线上品牌"行动，引导企业实施"互联网＋"改造，加强品牌建设和管理，从根本上改变传统外贸定点生产（OEM）模式处于"价值链低端"的局面，促进企业拥有自有品牌，让企业拥有更大的自主权和定价权。宁波综试区加快"互联网＋外贸""互联网＋制造"的融合发展，越来越多的制造企业通过跨境电子商务拓展销售渠道，并通过平台反馈信息改造和创新产品，以满足消费者需求，逐步培育宁波品牌。

（八）我国跨境电子商务发展动力强劲

我国的主体是跨境电子商务的出口，随着进口电商数量的快速增长，2020年的进口电商所占比例有希望达到25%。市场规模是跨境电子商务在未来发展更加注重的部分：出口电商规模与产品供应链及物流的整合力度呈正相关；独立站点与第三方平台相比其自主性更高，有利于及时开展引流、销库存和售后服务，因此，便于提升用户体验、提高经营效率；跨境电子商务在未来会更注重品牌化发展，出口B2C电商与制造商相比的突出优势是直接面向最终消费者，形成持久的竞争壁垒和享受高溢价是积极开展品牌和粉丝运营、提高产品品牌化率的必由之路；在结合线上与线下渠道形成自主品牌之后，电子商务应当主动跳出原有销售渠道限制，从线上发展拓展到线下发展，通过建立立体营销网络来放大品牌优势，跨境电子商务平台为大多企业走出去提供了重要途径。

2014年之后是中国跨境电子商务的飞速发展阶段。得益于互联网基础设施的不断完善和物流网络在全球范围内的构建，跨境电子商务的增长速度一直在上升，交易规模也日益扩大。同时，随着传统跨国贸易条件变差、欧洲与日本低迷的需求，越来越多的企业开始涉足跨境电子商务领域。在《2018年（上）中国跨境电子商务市场数据监测报告》中明确指出，2018年上半年我国跨境电子商务交易规模达到了4.5万亿元，同比增长25%。进出口跨境交易规模分别为1.03万亿元和3.47万亿元，同比分别增长19.4%和26%。从进出口结构看，进出口占比分别达到22.9%与77.1%，由此可推算，跨境进口电商比例将长期低于出口电商比例，出口为主，进口为辅是中国跨境电子商务发展的主导模式。我国是世界的工厂，具有全球最完备的工业体系，中国制造的地位无论哪一个国家都难以撼动。跨境电子商务是推动出口增长的新动能，具有很高的战略地位和实用意义。而B2C模式将是未来企业满足境外消费需求的一种重要方式。由于我国长期外贸合作以及相邻的地理位置优势，日本是一个尝试跨境电子商务出口模式的最佳市场选择。

最近几年，跨境电子商务的出口业务伴随着经济全球化和物联网技术的发展已成为我国外贸出口的重要支柱。电子商务研究中心数据显示，2008年我国出口跨境电子商务交易额为0.7万亿元，2017年增长至6.3万亿元，2013年的增速高达50%。我国出口跨境电子商务正在开拓新兴市场，如拉美、中亚、中东以及非洲等国家，我国出口跨境电子商务未来发展前途一片光明。随着俄罗斯和印度等国家电商的快速发展，我国出口跨境电子商务的需求空间也在不断扩大。我国的政策倾向于促进出口跨境电子商务的发展，以先行先试、逐步推广的策略来逐步完善该行业的税收政策和监管制度。虽然我国跨境电子商务的发展前景良好但依旧存在潜在威胁。中美经贸摩擦让我国部分跨境电子商务企业遭到冲击。我国跨境电子商务出口量最大的是美国，15%的跨境电子商务产品都销往美国市场，为降低经贸摩擦带来的影响，大多企业纷纷采取让部分产品赶在加征关税前出口的举措，因此，从交易数据来看，尽管前期经贸摩擦对我国跨境电子商务影响不大，但后期的不利影响不容忽视。跨境电子商务是世界贸易的重要组成部分，世界各国应合作降低贸易保护对跨境电子商务形成的干扰。

1988年亚马逊开始正式进军欧洲市场，2000年打入日本市场，2004年收购卓越并在2007年改名为卓越亚马逊，2011年才正式更名为亚马逊中国。凭借着低价高端的服务理念，亚马逊在中国市场取得了连续三年增长翻倍的优秀成果，而在德国与日本并未创下如此辉煌成就，只实现了连续两年翻倍的目标。亚马逊在世界范围内拥有上百个仓储，凭借着规模效益，降低成本，高效物流，完善仓储，兼并联盟和海外扩张逐渐在全球确立统治地位，贝佐斯也因此成为世界首富。

以 B2B 模式为主的"外贸电商"在我国 20 世纪 90 年代末才出现，可以把马云建立的中国黄页看成是我国企业发展跨境电子商务平台的开端。为中小企业提供外贸服务理念的形成得益于阿里巴巴的创立。

自 2003 年以来，随着我国电商的快速发展，跨境电子商务在交易、物流与支付流程方面进行了改进。较传统国内电子商务而言，消费者个人可通过海淘等平台实现跨境商品的买卖，因此，跨境交易额逐渐增长，但"三鹿"等事件的接连爆发反映食品安全问题越来越严重，消费者为了产品品质开始选择海外代购，海外代购规模持续增长。

2014 年是跨境电子商务元年，这一年，跨境电子商务呈指数式增长，2014 年海关总署规范了跨境电子商务贸易之后过去游走于灰色地带的海淘模式，以进口电商身份开始合法，虽然改革并未完成，但总体上有利于进口电商的发展。

跨境电子商务在 2014 年才正式兴起，2000 年的个人代购，2005 年逐步发展的海淘，2007 年兴起的淘宝均可看作其前身。天猫国际、京东全球购和小红书相继加入这一队伍，凭借直邮进口和保税进口的物流模式参与到全球的竞争。

我国跨境电子商务出口贸易额从 20 世纪 90 年代开始就一直在增长。2008 年金融危机以后，发展传统贸易的出口企业遭遇滑铁卢，于是这些企业纷纷开始探索跨境电子商务领域的新的贸易形式。2008 年我国仅有不足 1.4 万个跨境电子商务企业，但 2015 年该数量增长至 3.6 万个，出口企业的压力促进了跨境进口比例的增长，即使跨境出口电商发展较快。2016 年，跨境进出口电商的比例从 1∶5 上升到 1.27∶5.23。其中，B2B 企业为 83%，B2C 企业为 17%。目前在全球大范围建立海外仓是出口跨境电子商务进一步缩减成本的主要方式。①

---

① 孙琪. 我国跨境电商发展现状与前景分析 [J]. 国际经贸，2020 (1)：113 - 115.

第二章 我国跨境电子商务出口贸易的发展现状与问题

第一节 我国跨境电子商务出口贸易的发展现状

一、我国跨境电子商务市场交易规模

近年来,中国跨境电子商务市场不断扩大,交易规模不断上升。中国电子商务研究中心发布的数据显示,2014 年和 2019 年,中国跨境电子商务市场交易规模分别达到 4.2 万亿元和 10.5 万亿元,平均增长率为 20.3%。到 2020 年底,中国货物贸易进出口总值达到 32.16 万亿元,比 2019 年增长 1.9%;其中,2020 年中国跨境电子商务市场规模达到 12.5 万亿元,同比增长 19.04%。2014 年,中国跨境电商市场交易规模同比增长约 33%,2015 年增长 29%,2016 年增长 24%,2017 年增长 20%,2018 年增长 13%,2019 年增长 15%。

2014～2019 年的平均增长率为 22%。从数据可以看出，虽然我国跨境电商市场规模逐年增加，但从增速来看，呈现下降趋势。2014～2019 年中国跨境电商市场交易规模如图 2-1 所示。

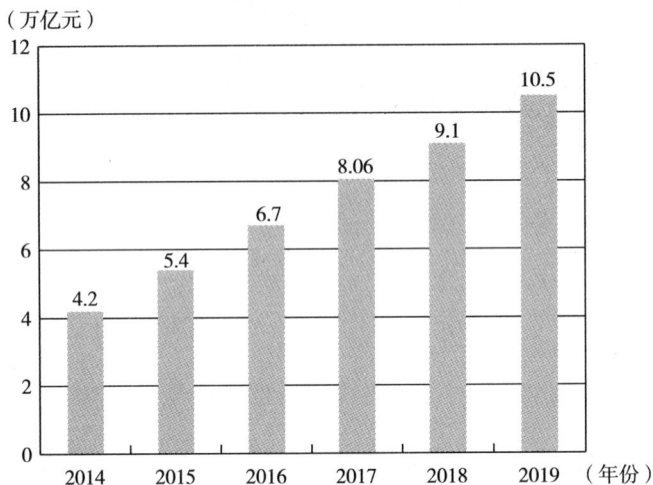

图 2-1　2014～2019 年中国跨境电商市场交易规模

资料来源：http://www.100ec.cn/.

2020 年 6 月电子商务研究中心发布的《2019 年度中国跨境电商市场数据监测报告》监测数据显示，中国出口跨境电商交易规模为 8.03 万亿元，相较于 2018 年的 7.1 万亿元同比增长 13.09%。2019 年中国进口跨境电商用户规模 1.25 亿，同比 2018 年的 8850 万增长 41.24%。2014 年，中国出口跨境电商市场交易规模约为 3.57 万亿元，同比增长 32%。2016 年中国跨境电商市场规模同比增长 22%，中国跨境电商出口贸易市场交易规模由 2013 年的约 2.7 万亿元增长至 2017 年的约 6.3 万亿元，我国跨境电子商务出口市场规模虽逐年扩大，但增速却逐年下降。近十几年来中国跨境电子商务出口贸易规模如图 2－2 所示。

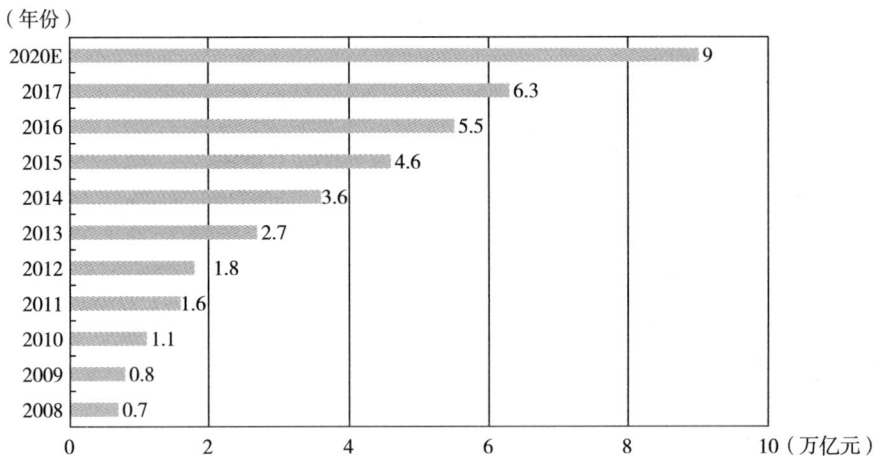

（年份）

2020E	9
2017	6.3
2016	5.5
2015	4.6
2014	3.6
2013	2.7
2012	1.8
2011	1.6
2010	1.1
2009	0.8
2008	0.7

0　　　　2　　　　4　　　　6　　　　8　　　10（万亿元）

图 2－2　中国跨境电子商务出口贸易规模

资料来源：http：//www.100ec.cn/.

《2018 年上半年中国跨境电子商务市场数据监测报告》显示，从 2017 年中国跨境电子商务进出口构成来看，出口占 78.2%，进口占 21.8%。从图 2－3 可以看出，跨境电商的进出口构成：2017 年出口占比超过 70%，2013～2016 年出口占比超过 80%，而且在我国跨境电商交易规模中，中国跨境电商出口市场交易量占比呈下降趋势，而中国跨境电商进口市场交易规模占比逐年上升。从以上数据可以看出，出口贸易是我国跨境电子商务的主要方面。2013～2017 年具体数据见图 2－3。①

---

① 孙妍．我国跨境电商出口贸易问题解决对策——基于区块链技术［D］．天津商业大学硕士学位论文，2019.

（%）

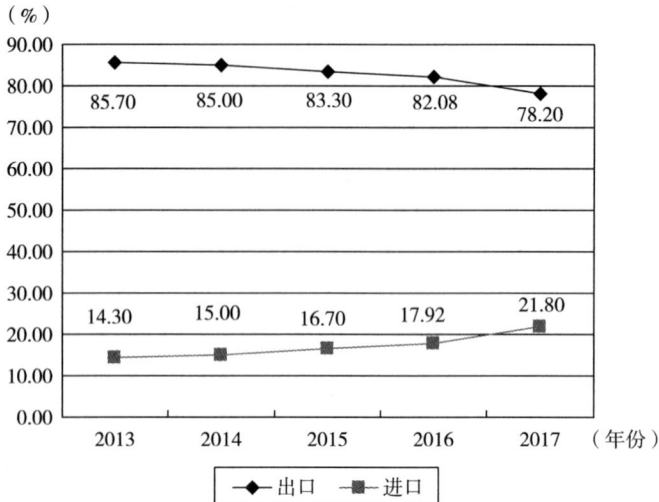

图 2 - 3　2013~2017 年中国跨境电商交易规模进出口结构

资料来源：http：//www. 100ec. cn/.

目前我国进出口贸易增速明显下降，出现大幅下滑甚至负增长。与外贸增速放缓相比，近年来我国跨境电商保持了快速稳定的增长。图 2 - 4 显示了中国进出口贸易和跨境电子商务交易规模的变化。可以看出，近十年来，我国货物进出口总额由中高速增长向持续中低速增长转变，波动频繁，增幅相对收窄，甚至出现负增长。与此同时，我国跨境电子商务交易规模不断扩大，从 2008 年的 8000 亿笔扩大到 2018 年的 9 万亿笔，增长 10 倍以上，保持了强劲的增长速度。跨境电子商务交易规模占我国进出口贸易总额的比重不断提高，约占进出口贸易总额的 1/3。

可以看出，我国对外贸易增速有所放缓，中国外贸跨境电子商务正处于快速增长期，随着互联网技术进一步普及、全球经济的不断增长，在良好的政策环境下，跨境电子商务的市场规模未来必将继续扩大。随着我国对外开放程度进一步加深，对外贸易面临更加复杂严峻的形势，我国出口贸

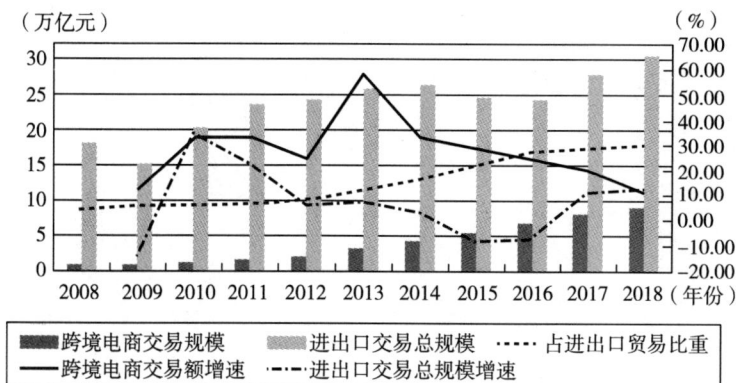

图 2 - 4　2008～2018 年我国货物进出口总额与增速变化

资料来源：2009～2019 年《中国统计年鉴》、http://www.100ec.cn/。

易面临深刻变革，中国跨境电子商务交易规模将会被消费升级等推动持续增长，跨境电子商务将在我国的外贸中占据更加重要的地位，为我国经济发展注入新活力。

图 2 - 5 显示了中国跨境电子商务交易规模和进出口结构的变化趋势。据电子商务研究中心数据检测，在 2018 年我国跨境电子商务进出口结构中，出口占比 78.9%，进口占比 21.1%。可见，出口仍处于主导地位，近年来品牌出口是发展的主流趋势。在出口电子商务方面，海外市场需求、外贸企业转型升级等发展因素有助于行业快速发展，吸引更多企业转型跨境电子商务。

二、我国跨境电子商务的政策支持

国家政策的支持推动着我国跨境电子商务出口贸易的发展。2018 年 6 月 13 日，国务院常务会议提出要进一步支持我国跨境电子商务发展，7 月 13 日，国务院又设立了 22 个新的跨境电子商务综合试验区，推动对外贸易

图 2 – 5　2013~2018 年我国跨境电商进交易规模进出口结构

资料来源：http：//www.100ec.cn/.

的稳定发展，不断提高我国的国际竞争力。2018 年 8 月 31 日《中华人民共和国电商商务法》通过。[①] 2018 年 9 月 28 日，财政等部门发布了《关于跨境电子商务综合试验区出口货物税收政策的通知》。国家在政策上给予强有力的支持，推动了我国的跨境电子商务的快速发展，使之有了良好的前景。政府报告中提出的"国际贸易单一窗口覆盖全国，整体通关时间再缩短 1/3"等跨境电子商务相关政策，充分表明了我国政府对跨境电子商务出口贸易的重视与大力支持。

三、我国跨境电子商务支付现状

跨境电子商务电子支付是指不同关境的交易主体通过跨境电子商务平

---

① 孙妍. 我国跨境电商出口贸易问题解决对策——基于区块链技术［D］. 天津商业大学硕士学位论文，2019.

台达成交易，以电子支付的形式结算，并继续完成跨境交易的国际商务活动。

目前，我国跨境电子支付主要有五种方式：银行电汇、信用证支付、专业汇款公司支付、第三方平台支付和国际信用卡支付。银行电汇是指汇款人在汇款行存入一定金额的款项，然后汇款行通过电报等相关方式通知目的地相关汇款行的一种常用汇款方式，指示汇款行向收款人支付有关款项。信用证是由开证行签发的书面文件，它是有条件地答应付款。因为信用证是由银行开立的，所以它有一定的信用度。开证行通知卖方开户行信用证已开立，卖方交货后将有以银行为第三方的担保机构。专业汇款公司以西联汇款（Westem Union）为例，汇款人只需要知道收件人的姓名和所在国的城市就可以汇款。国际信用卡代收是具有资质认证的支付机构，帮助商户向持有境外信用卡的消费者代收货款。以及第三方支付，以 Paypal 为例，它是 eBay 的全资子公司，资金是以 Paypal 为中介机构来转移的。买家有任何不满意，卖家都无法拿到钱，因此第三方支付保护了买家的资金安全。在我国跨境电子支付的五种结算方式中，银行电汇速度较快，支持先付款后发货；信用证使卖方有第三方机构的保障；专业汇款公司所用时间较少；国际信用卡支付使用人数较多，是主流支付方式；第三方平台支付为线上交易，交易便捷。

当前无论是哪种交易方式都是有中心机构参与跨境支付的，付款方通过开户银行（国际汇款公司或者第三方支付平台）将款项汇往收款方，每笔款项信息都将由开户银行通过央行的人民币跨境支付系统（CIPS）传输到层级代理银行，层级代理银行通过环球同业银行金融电讯协会（SWIFT）系统逐级清算，最后由收款方银行结算。因此产生了跨境支付的许多问题，如效率低、成本高、安全性低等问题。①

（一）效率低

目前，还没有一家机构获得全行业的信任，成为国际统一的结算中心。因此，在汇款过程中，每笔交易都需要在等级代理行之间获得信用。当发生交易时，每个交易主体都有一个独立的账户，记录自己的交易，还与其他级别的银行进行清算和对账，导致跨境支付周期较长。

（二）成本高

一般跨境支付费用为汇款金额的 7.68%。使用代理行完成跨境支付的平均成本在 25~35 美元，而国内结算支付的成本为 2~3 美元，显然，跨境费用高于国内结算成本，这是由跨境支付的层级代理结构决定的。这些费用主要包括 swift 的电信费和分级代理银行之间收取的手续费。以人民币跨境支付为例，汇款费为汇款金额的 1‰，电报费为 50~500 元。此外，客户只能通过在银行开立相应的保证金账户与不同的银行进行业务往来，每个保证金账户预留的客户资金会不同程度地增加企业成本。

（三）安全性低

因为跨境支付是由多个交易主体完成的，所以每个主体都保存着客户的账户信息和交易信息。如果交易主体防范意识和措施不强，那么客户信息极易成为黑客和犯罪分子窃取的目标，形成安全隐患，甚至有犯罪分子利用交易主体之间信息真实性的审计漏洞进行国际洗钱。②

四、我国跨境电子商务物流现状

我国是一个制造业和消费大国，进出口总额很大。但由于我国跨境物

---

① 姜旭男．区块链在跨境电商中的应用研究 [D]．天津商业大学硕士学位论文，2020．
② 王晓敏．基于区块链技术的跨境电商发展策略研究 [J]．新乡学院学报，2021 (1)：24~25．

流起步较晚,缺乏良好的跨境物流体系支撑跨境物流的正常发展,我国跨境物流基础设施相对落后,配送成本高,人才培养存在不足。此外,中国的跨境物流也存在许多问题。中国的跨境电子商务企业和跨境物流公司都致力于解决这些问题。

目前,我国跨境出口物流的模式主要有邮包、商业快递、专线物流和境外仓储。便利的通关和邮包邮寄;商业快递运输速度快,货物损耗率很低,货物运输过程随时可见;专线物流中货物的交货时间基本上比较准确,运输时间也比较准确;在海外仓储模式下,国内卖家首先将货物存放在国外安排的仓库中。外国仓库下订单后,可以像在国内收到订单一样,立即对货物进行分拣、包装和配送。这些模式虽然对我国跨境物流的发展起到了很大的促进作用,但并不能达到整合信息流的效果。我国应加快跨境物流信息系统建设,打通物流信息链,实现跨境物流信息的全过程追溯。

与跨境电子商务相比,跨境物流是订单纠纷反馈最多的环节。跨境物流制约了跨境电子商务的发展,主要体现在运输时间长、物流成本高、货物损坏、逆向物流难度大等方面。一般来说,货物从国内到国外需要经过国内物流、出境通关、国际物流、入境通关、商检报税、目的国物流等环节。任何一个环节的延误都隐藏着成本和时间的隐患,尤其是报关通关的强不可控性。从某种程度上来说,运输时间长的关键在于通关速度慢,而不是物流运作。总成本和总时间取决于各环节之间的衔接、协调和转化。据统计,物流成本占跨境电子商务交易总成本的30%～40%,平均跨境物流运输时间为5～10天。在运输过程中基本没有对跨境货物的实时监控,买方无法获得货物的实时状态。长期运输后,容易造成商品损坏,商品回溯难以实现,责任界定也困难重重。跨境电子商务的特点使其回报率远高于普通贸易。据统计,跨境电子商务的退货率一般在3%～10%,玩具、鞋子、服装等产品的退货比例高达20%。每个环节的失误都会增加退换货物流的比重。商品质量问题、货物丢失、运输时间长、海关检查等因素都会导致退货和换货。然而，跨境电商企业的换货物流机制并不完善，由于退换货过程中存在诸多不可控因素，如物流时间长、涉及关税等问题，因此，跨境电商企业也无能为力，难以满足客户的需求。[1]

五、我国跨境电子商务产品质量溯源现状

2018 年 3 月 15 日，中国电子商务研究中心发布《2017 年度中国跨境电子商务消费问题研究报告》显示，2017 年跨境电子商务在售产品监督抽查的结果不合格率高达 55.9%，产品涉及服装、食品、美妆、母婴用品及玩具等。2017 年国家质量监督检验检疫总局公布了由跨境电子商务渠道进口的纸尿裤、玩具和餐厨具等消费品的质量抽查结果，抽查 1013 批次，不合格项 415 批，不合格率为 40.9%。2017 年跨境电子商务消费者投诉占投诉总量的 12.98%，同比增长 1.37%，消费投诉比较集中的问题是售假。显然，产品质量问题已成为跨境电子商务的硬伤。

一般来说，跨境货物涉及的主体很多，包括货源企业（制造商或代理商）、电子商务企业（平台商或专业买家）、物流企业、检验、外汇、海关、税务等监管部门。每个主体的失职都会造成产品质量问题。从宏观层面来看，跨境电子商务信用评价体系的缺失、法律法规的不完善、监管部门的割裂导致跨境消费者权益得不到保障。从微观层面来看，跨境货物无法追溯，从源头到运输渠道都找不到。监管环境不健全，导致生产商、商户和物流企业造假。面对众多的参与者，也很难通过正常渠道获得真实准确的信息，更谈不上判断商品的真伪。如果没有真实的信息，消费者只会信任著名的电子商务企业。但根据 2017 年全国跨境电商用户满意度测评结果，

---

① 贾松涛，杨晓娟. 基于区块链技术的跨境电商新模式 [J]. 现代商业，2021（3）：30 – 31.

西集网、洋码头被评为"谨慎购买"，小红书、宝贝格子被评为"不推荐购买"。面对跨境商品的质量问题，知名电子商务企业被红牌罚下，跨境商品的质量问题令人担忧。

随着跨境电子商务出口贸易市场交易量的快速增长以及国内厂商对品牌建立的需求，跨境溯源等问题也随之出现。售假、诚信、退换货难、信息安全等仍然是消费者最关心的问题。上述问题主要是由于跨境电商相关商品信息难以准确追查所致，也是中国影响力较大的跨境电商平台难以解决的问题。

在跨境商品难以溯源的背景下，中、日、韩电子商务行业协会联合建立了中、日、韩跨境溯源平台，使中、日、韩三国的商品可以实现追溯货源，查询商品真伪。然而，第三方平台的身份识别存在信任问题，无法保证其完整的真实性。目前，商品信息的跟踪技术一般有条形码技术、二维码识别技术等，这些技术在一定程度上保证了信息跟踪过程的完整性、高效性和可行性。这些技术基本上可以实现准确、快速的数据采集。①

六、我国跨境电子商务产品品控现状

2018 年 3 月 15 日，电子商务研究中心发布的《2017 年中国跨境电商消费研究报告》显示，2017 年在售跨境电商产品监督抽查不合格率高达55.9%，产品涉及服装、食品、美容、、母婴用品和玩具。2017 年，国家质检总局公布了跨境电子商务渠道进口玩具、尿布、厨具等消费品质量抽查结果。抽查 1013 批，其中 415 批不合格，不合格率为 40.9%。2017 年，跨境电子商务消费投诉占投诉总量的 12.98%，同比增长 1.37%，其中，消费者投诉的重点是销售假货。种种数据表明，产品质量是跨境电子商务发展

---

① 李海波. 利用区块链技术促进我国跨境电商发展［J］. 财会月刊，2019（3）：142–143.

的一个重要障碍。①

第二节　我国跨境电子商务出口
贸易发展面临的问题

一、我国跨境电子商务面临的跨境支付问题

我国跨境支付的快速发展，是推动我国跨境电子商务长久、持续发展的坚实基础。近几年来，我国跨境电子商务得到快速发展，跨境支付业务规模也在慢慢扩大。

目前，从跨境电子商务支付方式来看，主要分为两类：一是网上支付，主要包括第三方支付平台支付；二是线下支付，主要包括银行汇款、专业汇款公司汇款等。从跨境电商交易主体来看，B2B 交易模式主要采用银行汇款、信用证支付和专业汇款公司支付；B2C 交易模式主要采用国际信用卡支付和第三方支付。

其中，银行汇款和信用证支付是传统贸易下两种常见的跨境支付方式。银行汇款更快更便宜，信用证支付更安全更稳定。第三方支付是指第三方支付机构通过与支付宝、PayPal、财富通等，建立网上平台系统，完成收付汇及相关售汇业务。无论采用何种支付方式，跨境支付都应该由多个交易主体进行协调。支付所涉及的主体通常包括交易双方、央行、开户银行、境外银行（银行代理银行或境外分支机构）、第三方支付机构、专业汇款公

---

① 卢志强，葛新锋．区块链在跨境支付中的应用研究［J］．西南金融，2018（2）：23–28．

司等，具体支付流程如图2-6所示。

跨境支付流程分为八个步骤：一是登录海外网购平台购买产品；二是将订单发送给第三方进行支付；三是第三方支付获得国内消费者信息认证；四是选择支付方式，输入认证信息；五是第三方支付向托管银行发送支付信息；六是接受托管银行购买的汇款信息；七是境外电子商务接受第三方支付汇款；八是海外平台向国内消费者发送相关产品或服务。

图2-6是我国跨境电子商务跨境支付的一个基本流程。由图2-6可知，在跨境电子商务平台签订交易合同之后，交易款项就由进口企业通过汇款银行汇到出口企业的收款银行，每一个与汇款有关的消息都会由汇款银行通过一定的渠道和方式告知收款银行进行相关结算。收款银行在收到有关消息之后就会告知出口企业，之后出口企业就会把货物发给进口企业，到这里一笔跨境交易的电子支付才算完成。

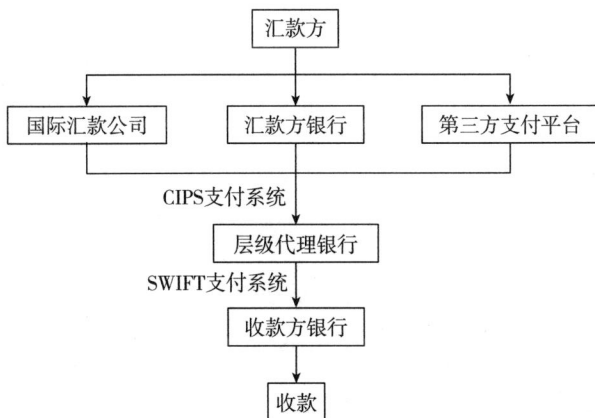

图2-6 传统跨境支付流程（1）

资料来源：笔者自制。

由图 2-7 可知，付款方通过开户银行（国际汇款公司或者第三方支付平台）将款项汇往收款方，每笔款项信息都将由开户银行通过央行的人民币跨境支付系统（CIPS）传输到层级代理银行，层级代理银行通过环球同业银行金融电讯协会（SWIFT 系统）逐级清算，最后由收款方银行结算。

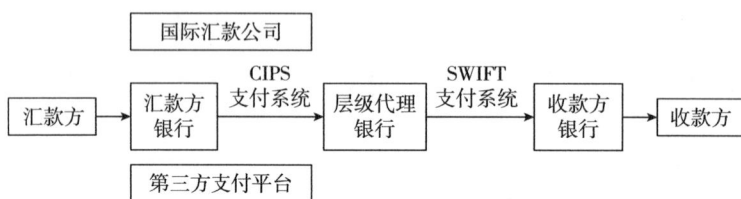

图 2-7　传统跨境支付流程（2）

资料来源：笔者自制。

虽然跨境支付有助于我国跨境电子商务的发展，但这种跨境交易的国际结算方式是分级代理（在跨境汇款中，需要通过代理行建立关系，中间人之间需要建立信用关系）。这种支付方式还存在以下四个问题。

（一）效率低

目前，在跨境电子商务中进行支付时，每个参与者都必须独立记账，还需要与银行进行结算和对账。它不仅需要协调不同交易主体之间的矛盾，而且容易出错，这使传统的跨境电子商务支付方式效率低下。首先，由于没有一家机构能赢得整个行业的信任，成为国际统一的清算中心，因此，在汇款过程中，代理行之间的每笔交易都需要获得信用。当买卖双方交易完成后，各交易对象将记录相关交易信息。在交易支付过程中，不仅需要记录公司的交易信息，还需要与其他相关交易单位和机构进行核对结算，使跨境支付交易存在诸多效率低下的问题，在交易支付过程中，也需要协调多个交易主体之间的矛盾。其次，当发生交易时，各交易主体应当独立记账，记录本单位的交易，并与其他层次的银行进行清算对账，造成跨境支付周期较长。最后，在当前的跨境电子商务电子支付中，不仅存在着复杂的交易流程，还存在着许多来自各个方面的信任检测和审查。例如，信用证涉及多个参与者。银行一般雇佣数千人，每年主要从事与信用证相关的申请文件的审核工作，导致跨境支付周期长、成本高。同时，由于多家金融机构参与跨境支付，跨境支付的成本会增加，交易会延迟。麦肯锡（McKinsey）在 2015 年进行的一项调查显示，典型的跨境零售支付可以在 3～5 个工作日内完成。从理论上来讲，大部分跨境支付可以在两天左右完成。这是因为跨境支付的一些交易信息需要各实体审核，因此需要更多的时间。

（二）成本高

首先，每一笔跨境交易的买卖双方都需要承担一定的交易费用。跨境支付的层级代理结构导致跨境支付收费标准偏高。跨境电子商务支付费用一般按汇款总额的 7%～8% 收取。此外，各国在支付方式和金融政策上存在很大差异，无形中增加了跨境电子商务交易的支付成本。跨境支付需要不同金融机构的参与，这不仅会延长交易时间，也会使企业付出更多的跨境交易支付成本。其次，一般跨境支付费用为汇款金额的 7.68%。使用代理行完成跨境支付的平均成本在 25～35 美元，而国内结算支付的成本为 2～3 美元，因此，跨境支付的层级代理结构决定了跨境成本高于国内结算成本。最后，国际支付方式和各国政策存在差异，可能导致国际快速周转的失败。同时，资金周转缓慢也可能受到汇率等其他因素的影响。例如，在跨境支付期间，汇率不断变化，在一定程度上造成了资金的汇率风险。基于上述原因，跨境电子商务在国际结算过程中的成本高于国内结算。由于跨境支付成本较高，相关企业在发展中缺乏资金支持，市场发展将受到阻碍。

（三）安全性低

首先，由于跨境支付是由多个交易主体完成的，每个交易主体都需要保留交易信息。只要一个交易主体不采取安全防范措施，就会使客户信息容易被黑客或犯罪分子窃取，增加客户信息泄露的风险，产生潜在的安全风险，一些犯罪分子甚至利用交易主体之间信息真实性审计漏洞，实施国际洗钱等违法行为。其次，由于跨境电子商务支付通常涉及多个国家和地区，一旦发生交易纠纷，很多消费者受到时间、精力和成本的限制，难以维权，导致自身权益受损。最后，在跨境支付交易过程中，众多金融交易机构参与，增加了跨境交易的支付成本，延长了交易时间。目前，我国跨境电子支付监管仍存在较大漏洞，违法犯罪行为时有发生，给跨境电子支付安全带来很大风险。这就需要建立有利于解决我国跨境电子商务跨境支付问题的新型支付体系，使我国跨境电子商务平台能够更好地发展。

（四）信任鸿沟

信任鸿沟是我国跨境电子商务发展进步路上最大的"拦路虎"，不同于传统国际贸易机制下构建起来的相互信任关系，跨境电子商务主要是在电商平台上进行，有的是 B2C 模式，有的是 C2C 模式，双方信任度低。基于信任鸿沟的存在，跨境电子商务交易过程中复杂的支付机制也对其发展进步造成了一定的阻碍。在传统国际贸易形式下，主要是采用信用证支付、银行汇付以及专业汇款公司支付等方式，但在跨境电子商务发展形势下，信用卡支付以及第三方支付成为 B2C 交易模式下的重要支付方式。在跨境电子商务支付过程中有多个参与主体，也存在一方对另一方所选择的银行机构不信任的问题，例如，南非某地区仅有一家银行可以接受中国银行的外汇业务，但中国人对于这家银行并不了解，从而增加了跨境电子商务的交易成本。不仅如此，在跨境支付过程中，需要支付相应的手续费，在汇款过程中还面临着汇率风险等，这些也增加了交易成本。①

二、我国跨境电子商务面临的跨境物流问题

近年来，随着经济不断发展，对跨境物流的要求也不断提高，进而推动我国的跨境电子商务继续稳定发展的重要前提是跨境物流的良好发展，但目前我国的跨境物流体系无法达到跨境物流的要求。信息不对称等问题没有得到解决，无法对物流信息的资源进行整合，信息沟通的渠道也不畅，以上问题都制约了跨境物流的发展。我国跨境物流存在诸多问题，跨境物流运输水平低、跨境物流成本高、跨境物流体系不完善等是主要问题。

（一）跨境物流运输水平低

首先，跨境物流运输的服务质量无法保证。由于跨境物流需要经过两个或两个以上的国家，很少有跨境物流企业对跨境货物运输过程进行实时监控，因此，既无法保证跨境物流的服务质量，也无法了解运输过程中的情况。其次，跨境电子商务物流涉及国家间的关税和安全问题。当货物通过一个国家时，必须办理清关、缴纳关税等手续，这就增加了跨境物流的成本。同时，通关时间不定，也会影响跨境物流服务质量。有数据显示，目前跨境物流的运输成本已经占据跨境电子商务交易总额的30%~40%，成本接近一半。而跨境物流运输的时间最少需要半个月，如果受到节假日、政策等因素的影响，还会延长跨境货物的运输时效。最后，跨境物流发展水平远落后于跨境电子商务产业发展。虽然我国跨境电子商务产业与跨境物流产业都在同时快速发展，但跨境物流增长速度远远落后于跨境电子商务，再加上国内跨境电子商务大多数没有独立的物流运输，只能依靠国际物流服务。因此，跨境电子商务交易旺盛时期，国内物流企业快件大量积

---

① 徐倩. 区块链, 跨境支付的新机遇 ［J］. 佳木斯职业学院学报, 2011 (12)：435 –436.

压和爆仓问题常常发生，阻碍了我国跨境电子商务发展。[①]

一般情况下，跨境物流运输耗时较长且通关较多，较少有企业会实时监控跨境货物运输过程，这就导致跨境产品在多次运输、转站过程中极易发生损坏。[②] 由于跨境物流程序繁多，很难对商品进行溯源，商品损坏责任难以明确界定。通常我们只能根据物流信息的记录去查找，推断哪个环节出了问题，然后再去寻找相关的经手人员，结果耗费了很多的精力，也不能解决问题，甚至找到了责任人，由于国情的不同，也很难获得满意的赔偿。跨境物流企业也有可能受到高额利润的引诱，伙同跨境电子商务卖家，伪造商品报关单、物流信息等来欺骗消费者，使消费者很难辨别真假。所以跨境物流运输存在的以上问题导致跨境电子商务交易具有较高的退换货率，数据显示，跨境电子商务的退货率远高于普通贸易，其普遍达到 3% ~ 10%，特别是服装、鞋子、玩具的退货率高达 10% ~ 20%。但由于退换货物流机制的缺失，跨境电子商务企业的退货过程不仅存在诸多不可控因素，还涉及关税等方面的问题，这些因素都是阻碍跨境电子商务发展的原因之一。

（二）跨境电子商务物流运输成本高

由于跨境物流运输需要经过物流、清关、报税等多个环节，每个环节都需要对跨境货物进行检验、储存、配送和商检，因此跨境电子商务物流运输成本较高。同时，目前跨境物流运输时间较长，加上各种节假日和政策变化，将降低物流运输的及时性，增加跨境电子商务物流的时间成本。这些环节的运作涉及清关、仓储、包装、供货、最终交货、商检等诸多活动，无论哪个环节延误，都会带来时间成本和实际成本。最不可控的环节

---

① 何江，钱慧敏. 跨境电商与跨境物流协同策略研究［J］. 物流科技，2017（7）：1-6.
② 秦婧. 跨境电商物流在区块链技术支持下的发展路径［J］. 物流科技，2020（3）：89-90.

是报关和清关。任何一个环节的延误或所有环节不能完全衔接，都将导致跨境物流成本的增加。所有环节都要转型、协调、衔接。这些环节不仅直接影响跨境物流的成本，而且直接影响其效率。相关数据显示，物流成本占跨境电子商务交易成本的30%～40%①。

（三）跨境物流体系不完善

由于我国跨境电子商务物流起步较晚，许多跨境电子商务平台都没有建立自身的物流运输体系，跨境物流主要以国际物流服务公司为主。此外，我国跨境物流基础标准信息工程建设工作整体推进较慢，部分地区尚未实行标准化，从而阻碍了我国跨境电子商务产业的可持续发展。

目前，我国跨境电子商务主要有两大主流物流体系：商业快递和海外仓储。大多数中小型跨境电子商务采用商业快递的物流模式。虽然商业快递的物流速度快，货物损失少，但这种跨境物流模式并没有将跨境物流中的每个节点连接起来，因此存在缺陷。海外仓储是我国跨境电子商务中另一种常见的一种物流模式，在大型跨境电子商务中经常使用。卖家现在把出售的货物存放在海外仓库，也就是海外仓库。一旦卖家拿到订单，海外仓库就可以直接在订单上配送货物，这样做减少了很多中间环节，提高了配送速度。然而，这种物流模式对销售商正确的市场判断能力有很高的要求。卖家需要正确预测市场走向，否则，会有大量的库存积压，进而给卖家带来巨大的损失。另外，无论哪种方式，我国跨境电子商务都很难实时跟踪物流情况，这也导致目前跨境物流存在诸多问题，如跨境配送成本高、速度慢、跨境配送项目限制多等，跨境物流存在很多意想不到的因素，配

① 陈思聪．区块链视角下我国跨境电商物流发展路径的探讨［J］．金融经济，2019（16）：119－121．

送物品容易丢失等。①

　　跨境物流是跨境电子商务发展的核心，鉴于当前跨境物流面临的种种问题，跨境物流变革迫在眉睫。随着"互联网＋"的不断推进，区块链技术不断发展，基于区块链技术架构建立的跨境物流管理系统，确保交易信息全程记录且真实可靠，对运输和存储进行实时监控、优化，从而有利于运输时间长、物流成本高等问题的解决。其中，感知层主要是数据的采集，借用物联网技术来实现；网络层主要是数据的传输，借用网络结构和通信协议来实现（通信协议又称通信规程，是指通信双方对数据传送控制的一种约定）；区块链数据库是系统的核心，基于区块链技术特点和架构，实现数据采集和网络传输按交易流程依次开展；应用层主要是点对点查询与决策，实现交易主体及监管部门信息查询和行为决策。据此，区块链跨境物流管理系统成为跨境电子商务物流变革的重要方向，可有效解决跨境电子商务中运输成本和效率等关键问题。

三、我国跨境电子商务面临的产品质量溯源问题

　　虽然有很多产品信息跟踪技术，包括条形码技术、二维码识别技术、NFC技术等，但这些技术仍然难以解决跨境出口贸易领域的产品信息真实性和质量问题，这也是跨境电商消费者最关心的问题。这主要是因为产品信息跟踪技术没有有效地应用到产品生产、流通、销售的全过程，使产品信息不能在各个环节得到有效的衔接。只要一个环节的连接出现问题，就可能出现真空缺失，使产品信息真假难辨，消费者对产品信息的真实性产生极大怀疑。目前，我国跨境电子商务发展的一大障碍是产品信息质量跨

---

① 郭军峰．我国跨境电商问题与对策探讨——基于区块链技术［J］．商业经济研究，2018（18）：90－92.

境追溯体系尚未建立。

产品质量是企业长远发展的核心，跨境电子商务发展进步过程中还面临着产品质量监管风险高阻碍的问题。首先，产品经过多道物流程序，在物流运输过程中存在被损坏的风险，国内运输出去的产品与客户最终收到的产品品质存在差异，这会提高退货风险，损害有关企业的经济效益。其次，跨境电子商务产品溯源建设不完善，在物流运输过程中存在产品被调包等风险，也影响了我国跨境电子商务的长远发展和进步。最后，跨境电子商务经营主体信用监管不到位，部分企业钻制度漏洞，利用假冒伪劣的产品进行交易，严重损害了跨境电子商务行业的整体形象和公众信任度。现在国家法律法规不健全，跨境电子商务平台没有相关的信用评价体系，商家和物流企业造假无人监管，监管部门之间缺乏合作等问题都会使消费者在验证商品真实性时难以获取跨境商品的信息，无法判断货物的真伪，从而使跨境消费者权益得不到保护，足以表明我国跨境货物质量问题十分堪忧。因此，跨境商品溯源问题是现在需要解决的一大问题。①

表2-1总结了我国跨境电子商务跨境支付、跨境物流和跨境溯源的现状及存在的问题。在跨境支付方面，本章总结了我国跨境支付的五种支付方式，但这些跨境支付方式都有中央机构的参与，存在层级代理问题，信用需要手续多、支付成本高、效率低、安全性低，而且存在泄露用户交易信息和个人信息的风险。在跨境物流方面，目前我国的跨境物流主要包括四种模式：邮政包裹、商业快递、专线物流和海外仓储，它们在一定程度上解决了跨境物流的问题，但无法完成物流信息的资源整合。在跨境溯源方面，目前我国跨境溯源存在一些问题，比如销售假货，跨境商品信息难

① 丁宝根，赵玉，彭永樟."区块链+跨境电商"变革的现实性、限度性与政策建议［J］.当代经济管理，2020（1）：66-68.

以追溯。用权威的第三方认证平台进行真实性追踪和识别，不能保证商品信息的完全真实性。目前的跟踪技术只能实现快速准确的数据采集，但不能保证商品信息的真实性，应该有新的方法来解决上述问题。

表 2 - 1　跨境电商出口贸易的现状及问题

	现状	存在问题
跨境支付	中心机构参与：银行电汇、信用证支付、专业汇款公司支付、国际信用卡支付、第三方平台支付	存在层级代理问题，跨境支付成本高、效率低、安全性低，用户信息存在泄露风险
跨境物流	邮政小包、商业快递、专线物流和海外仓等跨境物流方式对我国跨境物流起到了很大的促进作用，但无法完成物流信息的资源整合	跨境物流成本高、跨境交通不便、跨境物流时间长、通关效率低、跨境物流信息无法整合、退换货难
跨境溯源	存在售假、跨境商品信息难追踪、诚信问题，以权威的第三方认证平台溯源和鉴别真伪仍存在隐患	条码技术、二维码识别技术、NFC 技术第三方鉴别等无法解决跨境商品信息的真实性问题

资料来源：孙妍. 我国跨境电商出口贸易问题解决对策——基于区块链技术［D］. 天津商业大学硕士论文，2019.

四、我国跨境电子商务面临的产品品控问题

一般来说，跨境货物涉及的主体很多，每个主体的失职都会导致产品质量问题。目前，我国跨境电子商务假货销售的形式主要有以下三种：一是真物流送假货。尽管卖家推送的物流信息是真实的，但发送的货物是虚假的；二是假物流假货，即卖家发送给买家虚假的物流信息，实际上是国内发货，并建立虚假的境外查询网站；三是假冒物流销售的是真货，即以走私的形式销售商品。卖方发出的货物是真实的，但货源是非法渠道或"水货"，不能提供售后保障。

目前，跨境电商产品质量问题的主要原因有三点：

1. 跨境电子商务的虚拟网络化

由于跨境电子商务的虚拟网络特性，双方主要通过互联网进行网上交易。消费者无法了解卖家的具体位置和产品质量，也很难提前获得卖家的真实信息。因此，很容易造成销售者销售劣质商品，损害消费者的权益。

2. 跨境电子商务平台本身监管体系缺失、相关法律法规不够健全

当前跨境电子商务售假、以次充好等问题较为突出，且至今未有一套机制和体系可以做到完全杜绝劣质产品，这成为跨境电子商务产品质量的难题。跨境电子商务交易过程的完成需经过电商平台、物流、货源企业等多个环节，每个环节都涉及多个主体。无论哪一个环节存在漏洞，都有可能出现问题。与此同时，相关监管机构未能充分做好监督检查工作，追溯产品信息的能力欠缺，这是跨境电子商务频发各种问题产品的主要原因。针对这一情况，应该加大跨境电子商务平台的监管力度，同时建立跨境电子商务信用评价体系，加大对平台产品的监督检查力度，增强产品信息追溯能力，强化对产品质量控制的力度和能力，为改变当前跨境电子商务产品品控问题采取有效的措施。政府也应健全相关法律政策，确立跨境电子商务行业规范。

3. 跨境货物无法溯源，也无法从源头到运输渠道进行核实

面对众多参与者和信息不对称的市场，消费者很难通过正常渠道获得真实的信息，商品的真实性无法判断。因此，消费者只能选择大品牌或平台进行跨境购买。但2017年全国跨境电商用户满意度测评结果显示，西集网、洋码头等知名跨境电商企业被评为"谨慎购买"；《2019年度中国跨境电子商务消费投诉数据与典型案例报告》显示，宝贝格子、小红书等知名跨境电子商务产品的"不推荐购买"评级足以表明，我国跨境商品质量问题令人担忧，跨境电子商务产品质量控制问题亟待解决消费投诉数据和典型案例报告显示，当前跨境电子商务交易存在的问题主要集中在真假难辨、

产品质量不高、虚假宣传和退换货难四个方面。产品质量是人们最关心的问题。国家质检总局相关数据显示，通过跨境电子商务渠道进口的消费品质量安全问题突出，抽查不合格率达到 40.9%。中国消费者协会（China Consumer Association）的一份调查报告显示，超过半数的受访者曾遭遇过跨境电子商务造假。在这样的现实情况下，普通消费者只能选择知名的跨境电商平台进行跨境购买。然而，在《2020 年 Q1 中国电子商务用户体验与投诉监测报告》中，全国海外购物、考拉海外购物等电子商务提供商被评为"不推荐下单"，这充分说明当前中国跨境电子商务平台的产品质量控制问题令人担忧，建立和完善产品追溯机制，增强消费者的信任，已迫在眉睫。

对于跨境消费者来说，他们最关心的是产品的价格和质量。价格透明度好，产品质量是否优质，仅凭卖家的产品说明和图片难以判断。跨境产品涉及多个环节、多个主体，对商品质量的评价方法也各不相同。利用这种技术来跟踪产品生产中的质量问题，可能很难保证信息的真实性。目前，我国还没有关于跨境电商产品相关的法律法规，各个跨境平台对产品质量的要求也不尽相同。由于各国经济发展水平不同，很难找到一个适用于各国的统一标准。因此，大多数国家利用自己的质量法律规定或国际贸易惯例来处理此类事件。①

---

① 刘雪纯，郑亚琴. 区块链技术在跨境进口电商中的应用研究——以天猫国际为例 [J]. 武汉商学院学报，2019（8）：26－27.

第三章 区块链技术的应用

第一节 "区块链 + 金融"

一、"区块链 + 金融"应用现状

如今，区块链这一不可思议的概念已得到许多政府、机构和企业的认可，区块链引发了金融领域的"群体热潮"，群体技术在金融领域的应用还不成熟。区块链虽然没有金融权威，但各大金融机构都在尝试实施连锁项目，并逐步提高效果，区块链对传统融资有着"压倒性"的冲击，与人工智能、大数据一样，区块链是可以预测的，这是开启互联网融资新时代的关键。

过去两年，花旗银行、高盛集团、摩根大通等20多家金融机构对区块链项目的投资超过10亿美元，仅2017年对区块链的投资就可以超过每年

10 亿美元。①

（一）"区块链＋银行"

在许多国家现有的银行系统中，银行通过中央电子会计系统来开户，这是集中的构造。拥有的权力越多，存储的数据也越多。银行在维持系统数据的正确的基础上必须承担很大的运营成本。区块链技术可以为银行创建一个可供公众访问的分布式网络。银行使用区块链技术进行分散计算，减少效率低的银行中介机构的数量，可以解决运营成本高的问题。

现在，区块链的技术大部分银行都认可。很多银行建造了区块链实验室，在区块链技术的帮助下，为银行的后台创建最终的工具。利用这项技术，银行每年可节省成本 150 亿～220 亿美元。

（二）"区块链＋跨境支付"

跨境结算是银行的主要业务，其流程因花费时间且成本高，经常受到谴责。跨境支付结算需要多个机构的协调与合作，这造成效率低、成本高、大量资金浪费，严重限制了银行的发展。如果应用区块链技术，在没有第三方机构的支持下就可以进行在线交易，交易持续时间大幅缩短，运营效率也会提高。一方面，该技术可以记录整个交易过程，数据不能被篡改、伪造；另一方面，如果某个节点不工作，银行会提供其他节点提供的信息，保证正常交易。

区块链技术也用于跨境支付和结算。首先，区块链系统的发送者签订智能交易合同，并明确指出合同中资金转移过程的义务。其次，银行和其他转账机构通过区块链系统完成实时转账。在块链应用模式的背景下，跨境结算过程中的交易成本和跨境交易速度大大降低。随着区块链技术在跨境交易中的普及应用，交易的平均成本从 26 美元下降到 15 美元，其中，

---

① 李思．数字加密货币呼唤监管革新［N］．上海金融报，2017.

75% 为中转银行的维护成本，剩下的 25% 为跨境交易的人工费，可见区块链技术在跨境结算中起着重要的作用。①

以前的跨境汇款方式是电报汇票。除了中间银行收取手续费外，环球同业银行金融电讯协会（SWIFI）也会收取高额的电讯费。② 借助区块链技术，可以在汇款人和收款人之间直接支付和结算，可以节省中间成本。跨国境支付可以很快结算。根据麦肯锡的推测和计算，在全球 B2B 的支付和交叉结算中使用连锁技术，可以将每次交易的成本从 26 美元减少到 15 美元。

（三）"区块链 + 供应链"

也就是说，供应链金融是银行将大企业和上下级公司结合起来，提供灵活的金融商品和服务的一种融资模式。在供应链中使用资本作为偿还债务工具是为了提高其流动性③。

现如今供应链金融系统包括特定原材料供应链、原材料供应、中间产品生产和最终产品生产。

由于区块链技术的开放性和验证性，因此，可以大幅减少人工干扰，将目前需要纸质化作业的各种流程都数字化和程序化。在区块链系统中，使用全体参加者分散的账簿。智能合同可以在事先实现用户定义的时间和结果时自动支付，不仅提高了效率，也大大避免了人工操作造成的错误。麦肯锡表示，将向全球提供支援，应用区块链技术提供连锁金融业务，操作风险造成的损失约为 1 亿美元到 16 亿美元。

---

① 游丽. 金融领域中区块链技术的应用及发展趋势 ［J］. 金融经济，2019，508（10）：126 - 127.

② 喻智健，安佳. 中小企业依托金融科技融入一带一路建设的探讨 ［J］. 对外经贸实务，2018（2）.

③ 李磊，刘申锋. 我国商业银行供应链融资业务的 SWOT 分析 ［J］. 沿海企业与科技，2011（6）：12 - 15.

（四）"区块链＋信息"

银行一旦建立了自己的"区块链"，就无法随意篡改。确认了客户的信息和交易合同后，不接受任何人为的干涉。这个功能有助于识别银行的异常交易，防止欺诈。

同时，银行还可以利用区块链技术，创建分布式账本信息系统，检测和分析我们所有用户的交易行为。当发生异常行为时，系统会自动向用户报告，以免发生洗钱等违法行为。

（五）"区块链＋证券"

在证券领域，公开发行（IPO）和证券交易需要第三方的参与，证券交易的过程变长，交易成本高。区块链技术允许投资者和机构在分散的交易平台上独立进行公开发行和自由交易，不需要第三方的介入，全天候运营。

对于投资公司和银行来说，引入区块链会导致转向，削弱贷款和资源创造能力，提高向投资者和金融客户提供专业投资建议的能力。这不仅提高了效率，而且区块链技术能够保存所有的交易记录装置，保证数据不被处理，保证数据的安全性①，并且还能够在交易过程中更新并维持数据，有效地避开了资产合规的检查。区块链技术具有信息的可追溯性，能够大幅减少徇私舞弊的现象。

区块链技术广泛应用于证券的转让和交易市场，金融市场的参与者不仅可以公平地共享和利用数据，还可以强化证券交易过程的公开性和效率，改变以传统的中介机构为中心的证券交易方式，运营成本也有助于分成各自的位置。因此，如果合理运用区块链技术，不仅可以在证券交易中实时

---

① 江晓珍. 区块链技术在金融领域的应用研究［J］. 四川文理学院学报，2018，28（4）：34－39.

注册和股票交易，还可以有效地更新现有的证券交易系统和结算系统。另外，t + 3 结算交易通过块链技术进行证券发行，能够缩短证券交易的时间间隔，显著提高证券交易的控制能力和效率。

（六）"区块链 + 数字货币"

传统保险公司以保险公司为中心，对资金的取得、资金的投入、损失的控制都负有责任，但这会带来很高的经营管理成本。

区块链技术可以实现相互保险模式。一旦发生保险事故，被保险人应直接向患者支付保险金，避免第三方机构介入。对于保险机构，为了避免直接风险，也可以转化为保险提案。①

在我国，货币是重要的流通形式。2009 年，基于区块链技术的比特币的出现给传统货币带来了巨大冲击。数字货币不仅对金融行业产生了深远的影响，而且随着社会的发展，利用区块链技术也会迅速发展起来。越来越多的国家发行了数字货币，为一些偏远地区的人们提供金融服务。英国以房地产和住宅为基础开发数字货币，吸引外国投资。我国也在逐步发展数字货币业务，不仅降低了纸面货币的消费成本，还提高了经济交易的灵活性，大大减少了违法犯罪行为的发生。

数字货币有一种数字加密技术，数字加密通常是电子货币。基于我国P2P 网络，其供应链由系统标准数学公式决定，总供应是固定的，不受中央银行的控制和管理。在数字货币交易中，区块链技术在数字加密应用中也发挥着重要的作用，区块链作为载体，支撑着整个数字货币交易过程。具体流程有以下五个：一是交易方需在数字货币中填写交易数据；二是将交易完成后的信息放在特定的区块上；三是区块上的内容通过广播的形式传递给所有参与者；四是所有参与者对本次交易均无异议；五是在区块链系

---

① 天宇. 区块链对未来真的会产生颠覆性影响吗？［J］. 智慧中国，2018，（Z1）：74 - 78.

统数据库中添加区块，完成交易。如果将区块链技术合理应用于数字货币中，不仅可以实现远程交易，而且能减少交易手续费。这也是数字货币加密模式得到广泛认可和普及的原因。

二、"区块链＋金融"应用建议

（一）制定行业的多维度应用标准

目前，基于区块链的技术应用在不同行业和领域逐渐增加，应用也有很大差异，导致区块链的可靠性低。2017 年，为了提高区块链技术应用的信任度，我国发布了《区块链和分布式账本技术参考架构》作为基础标准。制定标准中存在多方面的问题，分析了安全、性能等信息的维度和视角，根据不同应用的需要制定了对应的标准。

（二）培养行业人才

随着社会的发展，区块链技术不断更新和完善。在实际应用过程中，发挥区块链技术的先进性，结合先进科学思想应用区块链技术，留下专业技术人才。如今，西方工业化国家开始加速区块链技术的发展和创新。中国重视区块链金融业的发展，扩大投资，提高集团生产和融合复合型人才，开发新的政策决定项目，请专家指导，学习国外经验知识，推进区块链的革新发展。

（三）加强立法与监督机制的建设

在金融业中，使用区块链技术会带来很高的资本成本。如果投入大量资金用于区块链构建，可能会改变一些公司的性质，所以提出小投资。就是结合区块链技术的最终应用效果、应用领域优先选择区块链技术。区块链技术在世界范围内应用广泛，在立法和监督管理过程中需要得到各国的尊重，明确法律地位和监督管理的空白，结合实际情况制定合理的法律规定应对区块链技术的正常发展，确保法律不受侵犯，建立适应当前社会金融技术发展的监督管理体系。采用有效的管理方法和资源，实施全球化，促进国家之间的交流与合作。

第二节 "区块链 + 互联网管理"

区块链技术在管理互联网安全、认证等领域具有巨大优势。区块链技术是一种"分布式智能身份认证系统"，即区块链世界识别卡。

在基于区块链技术的智能身份识别系统中，在区块链上持有身份证，在线显示护照和照片。名称是密钥日期和不能修改的密钥标识符。身份证和签名栏一起分发，作为交易编号、特殊二维码和散列算法的证据。

区块链 ID 卡的制作和使用步骤大致分为三个步骤。

（1）使用唯一名称。这样别人就可以用名字找到连锁 ID。只要你有密码，谁都可以带你的名字去。

（2）个人信息的创建和确认。将你的区块链 ID 卡连接到你的社交网络档案，证明这是你身份卡的区块链，并确认你的个人信息。

（3）开始使用区块链 ID 卡。你的区块链 ID 卡将与你的社交网络档案和名片共享，人们可以很容易地在网上找到它。

区块链 ID 卡有两个优点：①可以方便安全地解决信息丢失问题；②不迷惑，不被操作。

如果每个人都有一个区块链 ID，就相当于每个人都有一份完整且独特的、能记录一生中每一笔交易的永久记录。在未来，区块链 ID 可能不会立刻就将所有的社交等信息全部连接到一起，但很可能取代身份证、指纹、护照等身份识别工具。

当然，如果你有区块链的身份证的话，就必须正确保管钥匙。在这个过程中，你必须提供进入自己账户的钥匙。唯一的钥匙只有你知道。所以，备份非常重要。

目前为止，虹膜等生物技术也绝对不需要。如果黑客想攻击系统，必须先进入系统再操作。登录也是连锁系统的"交易"。如果有人想登录系统，就利用区块链技术进行欺诈。就像要注册拥有数亿台电脑的数据链一样，成功的概率很低。

第三节 "区块链+跨境电子商务"

一、区块链视角下的电子商务体系构建

跨境电子商务涵盖企业、消费者、供应商、政府等多个主体，通过价值和信息的连接，形成完整的电子商务系统。根据不同主体下的不同传递方式，系统分为支付系统、信用系统和流通系统，利用非中心化、共识机制和智能合约相结合的技术，从而构建了基于区块链视角的电子商务体系，如图3-1所示。[①]

（一）流通系统

一般来说，电子商务是通过信息技术进行商品流通的商业活动，所以流通系统是全球电子商务系统的关键。商品的可追溯性和真实性是建立在用

---

① 李露，彭一峰，陈航，等. 基于区块链技术的农产品生产决策信息系统［J］. 农业展望，2019，15（9）：81-85，96.

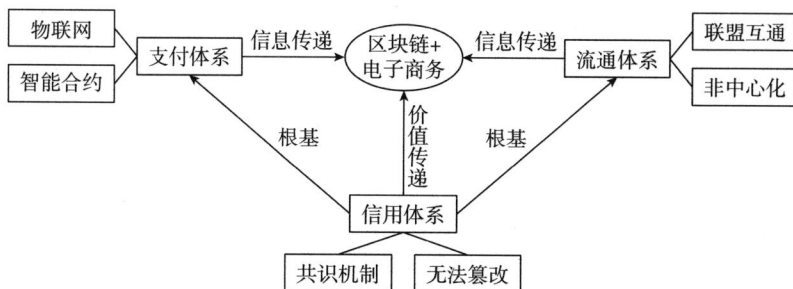

图 3 - 1　区块链视角下的电子商务体系架构

资料来源：浦东平等．基于区块链视角的电商平台体系构建及应用［J］．中国流通经济，2018，32（3），44 - 51.

户信赖和顺利交易的基础上。传统的电子商务平台一般通过识别第三方专业机构，实时跟踪物流信息来保证用户的安全。区块链技术将每个环节的信息分配到相应区块上，[①] 生成的信息全部永久记录，无法篡改，将取代传统的记录和跟踪系统。为避免每个环节的冗余和不准确，供应商会对网店和用户的货物进行自动数字注册和跟踪。电子商务平台将产品与合作伙伴的因特网集成，有效地传递重要信息，并将循环系统的信息存储在区块链中，如图 3 - 2 所示。在循环系统的交易环节中应用区块链中的去中心化技术，生成相对应的交易指令，并记录在区域链中，使其不可篡改。对于大额交易，将交易信息发送给选定的相关人员进行审查，确认与交易有关的所有信息都不能随意变更，将区块链相互操作模式应用于流通系统的物流环节，可以知晓物流过程中货物的情况，具有可追溯性。另外，通过实时更新数据，提高了每个环节的准确度。物流部门通过转换分散模式，有效

---

① 浦东平，樊重俊，梁贺君．基于区块链视角的电商平台体系构建及应用［J］．中国流通经济，2018.

提高物流服务的监控和效率，产品信息等关键信息集中在一个信息区块上，无法消除和操作，从而提高感知信息的准确性和追溯性。在物流运输过程中，可以追踪货物的位置，降低人力成本，促进电子商务物流模式的变革和现代化。

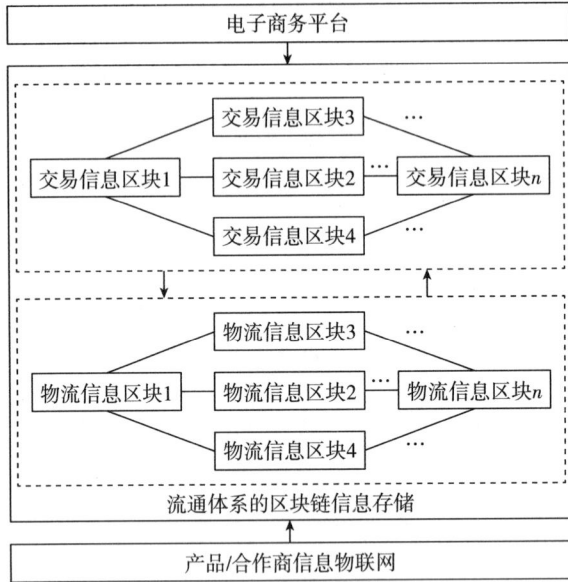

图 3 - 2　流通体系的区块链信息存储

资料来源：浦东平，樊重俊，梁贺君. 基于区块链视角的电商平台体系构建及应用［J］. 中国流通经济，2018（3）.

（二）支付体系

在以可编程数字加密系统为主要特征的区块链 1.0 阶段，比特币生产和使用对传统支付领域产生了很大的影响。目前区块链已发展到 3.0 阶段。主要特征是可编程。在电子商务结算系统中的应用也从简单的数字货币结算转向比特币背后的支持技术，即区块链技术。基于区块链的电子商务结算系统被视为分布式记账系统。通过智能合约的形式储存在系统上，结合互联网实时定位技术，可以看到交易的进展和过程。由于传统的交易系统更加重视数据本身，因此，整个支付过程需要很长时间，采用区块链技术的支付系统是将指定的货物运到目的地时触发智能合约，自动生效所定的条款，完成支付，这意味着这种支付方式的可靠性和效率远高于常规支付方式。目前，电子商务的支付过程基本上由第三方完成。区块链的多签名技术使得资金受买方、卖方、公证人共同控制，如果买主与卖方相互信任，那么无争议的交易可以自由进行，不需要公证，有利于创造更公平的支付系统。由于中央服务平台的运营成本高，用户进入这个平台需要部分维护费用。通过区块链结算系统，消除中间人的作用，利用节约的管理成本，为客户提供更方便、更好的服务，促进企业间的良性竞争，监督整个电子商务行业。此外，区块链与物联网技术的有机结合大大突破了基于区块链技术的非实时授权和性质的跨境电子商务支付系统，所有交易信息可以通过区块链技术存储在同一网络数据块中。基于区块链技术的分布式和互联网技术的可追溯性，跨境结算场景最适合解决支付周期较长的问题。通过跨越国境支付，可以有效解决中间环节冗余、手续费高的问题。基于自动执行的智能合约技术，可以降低跨境法律风险。但是，比特币的普遍性是很多国家支付和贸易的手段，比特币的无政府主义倾向被认为是跨境电子商务发展的先天优势。我们必须寻找外汇管理和进出口政策的方法，构建分散的全球电子商务结算系统，减少来自第三方的中间金融机构的数量，图3-3是非中心化支付系统架构图。自动化多进程通过从安全控制到系统中的信用证的验证来实现支付人与接收人之间的持续联系，消除潜在成本，及时入账，减少资金风险，并能提高服务质量。

（三）信用体系

信用系统的主体是电子商务。从商业角度来看，信用系统分为内部信赖系统和外部监督系统。针对支付系统和流通系统，构建了区块电子商务公

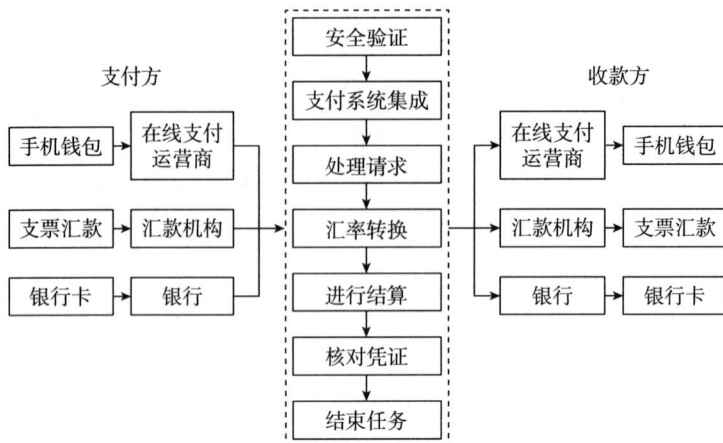

图3-3 非中心化支付系统架构

资料来源：浦东平，樊重俊，梁贺君．基于区块链视角的电商平台体系构建及应用［J］．中国流通经济，2018（3）．

司的信用系统。流通系统是连接线下服务和网络的桥梁。由于其独特的技术特点，信用系统真正理解了价值转移，大大降低了电子商务的风险和成本，这个主要用于管理公司内部的电子商务书。现在，电子商务企业的资产数据处理有两种方法：一是允许相关机构记录所有资产数据，建立高成本的信息系统比较危险，容易受到道德风险的影响；二是在此过程中参与者自行登记并维护资产数据，主管机关定期审查资产数据。但是，维持这个信赖系统的成本很高，数据管理过程也很复杂。为了最大限度地降低资产转移过程的负面影响，可以在常规互联网上建立共同的不可控制节点，并且一旦检测到节点，分布式数据库中的信息只能被动地与节点同步。因为证明了这个信息比较简单，所以大部分都是在局域网进行的。在区块链技术下，信息效率的确认应该由多节点共同的机构来进行。这符合电子商务市场的共识共治原则，解决了电子商务模式中信息缺失问题。在电子商务公司的外部监督系统中，整合区块链技术，从最初的政府集中审查到全面监督、分散和未授权的干预，自动将数据收集、验证到监控系统，确保数据源的客观性和准确性。不需要公司的人工记录和报告减少人工监控的成本，需加强国家监督管理部门和市场参与者的合作。为了提高电子商务的效率，除了保证数据源的正确性之外，监视和抑制电子商务也很重要，也需要确保数据的机密性和完整性。因此，利用区块链分布式记账技术，在监管系统中与参与者达成一致。避免交易环节暗箱操作和售后服务环节信息不安全，同时可以实施相关监控过程。区块链技术需要在用户进入电子商务时盖上时间戳。电子商务的用户不用等特定的时间就可以进行集中检查。可以监视并评价其他人。在共享经济的模式下重新塑造信赖关系。这些区块通过点位之间的连接形成了无法篡改且伪造的数据链。数据库技术加密用户的隐私和法律管理所不需要的信息，保证数据自身的安全性和数据用户的隐私。

二、基于区块链技术的电商平台应用

未知用户通过网络平台进行商品交易是常见的商业活动，也是最好的电子商务渠道。利用区块链技术，提高电子商务平台运营效率的具体方法应贯穿整个用户的体验过程。图 3 - 4 是基于块链技术的电子交易平台的交易流程图，该平台由用户、电商平台、区块链这三个主体构成①。用户首次使用基于区块链的电子商务平台时，必须注册个人账户。背景系统自动生成区块链中的对应节点作为唯一的用户 ID。用户不需要连接其他个人数据。为了保护用户信息的隐私，如果用户想在平台上销售产品，必须向用户提供信息。必须制作包含产品的型号、数量和价格等其他详细信息的目录，通

---

① 张国庆，刘媛华．基于区块链技术的民宿业应用研究——以 Airbnb 为例［J］．经济研究导刊，2019（25）：158 - 161.

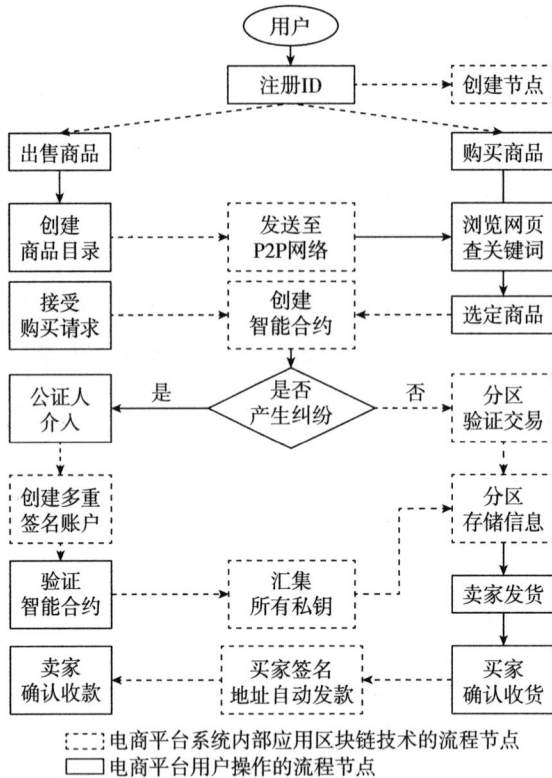

图 3 - 4　基于区块链的电商平台交易流程

资料来源：浦东平，樊重俊，梁贺君．基于区块链视角的电商平台体系构建及应用［J］．中国流通经济，2018（3）．

过分布式网络发送到平台的销售页面，产品的所有信息也会发送给个人用户账户。如果用户想在平台上购买商品，可以浏览销售页面，直接查找关键词。当选定产品后，用户可以通过价格、运输等方式与卖方进行沟通和协商。在达成协议之前，电子交易平台根据用户的需要自动签订智能合约，生成交易双方的数字签名，将智能合约发送到相应的商品属性块进行验证。所有模块测试成功后，卖方可以按照约定的条件交货。当买方收到商品并检查商品是否正确时，数字货币将从买方数字签名账户自动支付给卖方账户。交易中全部的信息被储存在每个流程的节点上。为了保证公证人的信用和公平，电子交易平台建立了对所有电子用户的评价系统，可以向用户提供匿名和全面的反馈和评估。公证人的名声越高，数字货币的奖励就越多。但是，如果被其他用户指控滥用公证人的职权且情况属实，就会被列入黑名单并受到严惩。事实上，买卖双方必须共同选择交易的公证人，避免任何优先交易。对于交易金额的争论，公证员会审查智能合同，创建数字货币账户。每个公证人和买卖双方都有一个私钥，在三方达成协议并收到私钥后，买方将根据合同条款多次签字后通过电子邮件发送相应的数字货币，卖方收到买方的付款通知后即可发货，买方同时接受交货通知。买方接收货物后，电商平台自动向卖家发送多个订阅地址的支付，目前电商平台主要为用户提供集中服务，从时间上控制用户应用平台不仅需要注册个人身份证号码和银行卡密码，还需要向平台支付相关销售服务的维护费用，才能完成交易流程。保护用户权益，建立信任机制，但也有负面影响，如犯罪分子盗取信息。区块链的概念和技术为电子商务平台的发展提供了新的思路，分布式技术可以与交易双方紧密合作，消除第三方的交易成本和维护成本，从而节约成本，提高平台的服务质量，满足用户的不同需求，用户有权通过匿名数字货币和分布式传输通道任意节点发送信息。同时，它还要求用户确保账户的安全性和信息的机密性，也就是说，基于区块链概念和技术的电子交易平台的核心价值是双方自由行动，保护他们的隐私，不要依赖中央网络。

三、基于区块链的电子商务面临的风险及应对策略

（一）面临的主要风险区块链技术

电子商务平台的应用仍然面临着很多风险，这不仅是区块链技术本身

的制约，也是区块链和电子商务平台的结合所带来的潜在制约。

1. 资源风险

因为电子商务的市场容量大，需要大量的"挖掘机器"（通过大量计算来争夺记账权的专业设备）。在处理事务的过程中，网络整体的能量和计算能力也会消耗。因此，巨大的资源需求是基于区块链的电子商务平台面临的重大挑战，未来不仅要解决资源使用的合法性问题，还需要减少资源损失。

2. 技术上的风险

当前，区块链包括算法和技术的精确组合，例如，不对称密码、一致性算法、散列算法、P2P 网络、Merkle Tree（默克尔树）、高速数据存储。程序代码和加密算法可以正常运行。从编码的观点来看，无法管理以往 IT 系统的错误，可以在内部消化。由于区块链中的技术错误很难转移到所有节点，所以程序的可靠性很高。但是，为了维持系统程序的正常运行，需要大量的人力和物力。

3. 法律上的风险

由于匿名机构和区块链技术的分散性，用户很难受到法律上的保护，如他们遇到数字货币盗窃、产品质量差等问题。区块链模式和风险防范机制仍需进一步加强。区块链的数据层、网络层、激励层、共识层等正面临黑客攻击的风险。如果有人掌握 51% 以上区块链的计算能力，就可以不受法律法规的干扰和制裁任意篡改数据。设计具有高计算能力和高存储器的工作量证明机制（PoW）匹配同步算法可以缓解 51% 的攻击问题。

（二）风险应对措施

（1）从技术层面去除区块链的安全孔，在处理数据时将区块链数据层与内部数据层相互连接，形成两层数据结构，将私有和重要信息与内部数据层分离基于多签名技术，增加了扩展算法，诸如同步加密、零知识检测等。此外，在提高安全水平的基础上，采用智能合同的综合防御方案，减少数据泄露的危险。

（2）在集中和分散之间找到新的平衡点，有机地结合传统的电子商务机制和区块链技术理念。例如，可以通过消费者权益保护制度和质量控制制度来限制潜在的集团非理性风险的产生。同时，虽然智能合约自动执行的技术特征体现了区块链的共识机制，但监管空白也使黑客有机可乘，因此，在电子商务区块链探索的第一阶段需要事先设计相应的法律保护体系，促进商业模式和技术特色的共同发展。

（3）建立更新间隔短、共识机制灵活、数据处理量大的区块链技术体系，推进互联网协议第六版（IPv6）的全面建设和企业转型，加强互联网分散型核心系统结构和关键技术创新研究开发，虚拟研究环境、引进开放接入系统等技术和方法，使区块链技术能充分满足电子商务的发展需求。①

第四节 "区块链＋物联网"

近年来，随着互联网技术的快速发展，电磁设备的网络规模也在瞬间大幅增长。物联网的广泛应用为计算机网络和世界直接连接提供了更多的可能性，降低了人力成本，提高了生产效率和经济效益。物联网综合了传统的互联网、移动网络等，扩展了新的互联网概念。但是，在物联网带来

---

① 吴珊，邢文圣，张晓新．基于区块链视角的电商平台体系构建及应用［J］．信息通信，2019，193（1）：65－67.

开放性和包容性的同时，物联网的安全性和匿名性等问题也无法避免。在保护用户的隐私，提高信任度方面，网络安全需要更多的研究。目前，大多数用户依赖于中文服务器和网络设备的客户端模式。计算机云容量的持续增长不能适应设备和数据规模的爆炸式增长，网络中的设备和云服务器（ECS）的带宽限制了网络性能，并且中央数据站强调了隐私和安全问题。网络设备和云服务器（ECS）设备之间的数据为设备网络提供主要过载。互联网上的许多问题是随着技术的引进和因特网的集成，敏感数据的生成、数据交换、数据存储获得了数据传输等有效的解决方案，保证了隐私性和单点故障容错性。在区块链中，数据的制作、修改、排除等操作都可以在互联网上进行记录和验证，因特网设备通过不同节点存储数据，不需要人工介入，就可以利用链条的属性来保证数据的分散性、真实性和安全性。

一、区块链在物联网的应用场景

现有的区块链架构通常包括数据层、网络层、共识层、合同层和应用层。区块链数据库通常基于数据库实现，存储了交易数据和账户数据。此外，数据层还包括时间戳技术和非对称加密技术，这是区块链实现数据可追溯性和未经授权的数据输入的基础。网络层决定区块链的分布式点到点网络的拓扑。该层包括节点间的分布式通信协议、区块同步算法、数据分发和数据验证机制，负责网络中的检测、区块同步和认证。主要包括区块链的一致性算法，区块验证、矿工争区块、最长链确认等成熟的一致性算法。一致性是区块链的核心机制，各种一致性算法各有优缺点。在创新和优化共识算法方面已做了大量工作。订单状态包括智能订单输入、订单测试、协议管理、维护管理、合同接口等。智能合约是运行在区块链上的完整脚本语言，无须人工干预即可自动触发。

所有先前约定条件的实现也是区块链解决信任问题的关键技术之一。应用层包括在区块链上运行的分散应用程序以及一些接口调用、应用层封装等各种应用和案例，支撑区块链实现在金融货币、供应链、物联网、征信、社交娱乐等领域的应用。

二、区块链在实际物联网中的应用场景

目前，区块链技术已应用于传感器、数据存储、身份管理、时间戳服务、便携设备、供应链管理以及其他技术，包括农业、金融、医疗、运输等多个与互联网相关领域。在无人机领域的广泛应用受到安全和数据保护等因素的限制。区块链技术可以通过控制无人机来保证透明度、安全性、可靠性。例如，沃尔玛在 2018 年发布了申请"利用区块链将无人机克隆"的专利。为了保证无人机包裹配送系统的数据完整性和安全性，利用哈希算法实现数字签名，并通过一种图像和传感器采集数据的加密方法，用时间戳机制记录。这种技术可以在小型消费者友好型无人机上实施，服务器可以用于机等移动设备运行。区块链也广泛应用于汽车的互联网领域。在车联网中，车辆必须收集和交换数据，以提高驾驶安全性并确保更好的服务质量。一方面，区块链技术的引入解决了车辆不愿意向基础设施上传数据的问题，因为它们涉及集中管理架构中的单点故障和数据操纵；另一方面，它还解决了分布式管理体系结构中未经授权的数据访问和安全保护问题。建立智能合约，确保道路基础设施数据存储的安全性和效率，并通过数据交换系统选择更可靠的数据源，以提高数据可靠性。车辆可以选择高质量、可靠的数据供应商确保数据存储和数据交换的安全性。不久电网将成为能源供应的重要组成部分和主电网。区块链和智能电网的结合创造了一个更高效的系统，通过人工智能和微交易响应能源需求和供应，合理地利用分布在整个网络中的能源资源。提出有利于交易安全、透明度高的交

易模式，以消除传统能源市场的垄断，促进能源和信贷的合理贸易，实现能源管理的稳定需求。评估能源消耗，并通过智能合约调整交易和电网切换策略。在区块链和本地微网络的基础上，实施了用于测量、登记、管理、交易和核算清洁能源的分散系统。该系统目前很流行，并已在东南亚和澳大利亚使用。在陆上产品运输等物联网场景中，传感器数据是一个重要组成部分。物联网的正常运行依赖于大量传感器数据的传输，区块链与传感器技术的结合可以实现传感器数据的存储和可追溯性，是提高物联网信任度和安全性的有效手段。在物联网中，区块链技术与其他技术的结合可以有效地应用于物联网边缘计算机架构来解决隐私和安全问题。

但是，区块链技术本身也有一些不足。例如，由于交易流程受到限制，系统性能下降，无法满足需要频繁在线交换数据的应用程序场景；又由于缺少共同算法导致的系统不完全分散，因此，单个因特网应用不能充分利用区块链的分散优势。区块冗余计算导致高能消耗，这减少了诸如传感器网络之类的能量有限网络的寿命。链条上的数据泄露和交易中的泄露会导致物品网络数据保护的安全问题。所以，在物联网上使用区块链技术时，还应基于实际场景。新的系统架构、共识算法、智能合同、加密算法、时间戳技术需要数据存储结构等，对区块链进行优化和改善，使区块链更加适用于物联网领域。

如上所述，尽管区块链可以有效提高物联网性能，但仍需要研究解决很多问题。近年来，我国也对区块链及其存在的重要问题和技术进行了相关调查，研究网络区块链背后的技术具有重要意义。在物联网领域仍然是机遇与挑战并存，要实现区块技术在这一领域更多的应用和发展，还需要不断地研究关键技术。

第五节　"区块链＋农业"

农业是国民经济的基础产业，在国民经济中占有非常重要的地位。尽管中国经济已进入了高品质发展的快速增长阶段，农业也处于高发展阶段，但必须以农业科学技术的近代化为基础。这是挥洒汗水的"创新重要引擎"和"自主核科学技术"，随着集团链创新的加速和科技产业的发展，实施了全国数字村调查，区块链已成为国家科技战略。区块链技术是数码公司建设的新基础设施之一，正式融入了新的基础设施领域。区块链技术的集成应用对农业技术的革新和产业的转换有着非常重要的作用。区块链作为全球创新技术，是一种分布式数据存储、点对点传输、共识机制、加密算法等的新方法，每个点的传输、一致机制和加密算法可以高度分散、高度操作，高度的理解性和集体的持续性、公开的透明度、农业应用是无限扩展容量。从而解决了中国农业生产中要素分散、问题突出的问题。产业链长，联系多，成本对称，信息量大。结合共识组织集体和智能合同技术，建立新的信用机制，克服农业资源和环境约束，构建农业附加值数字区域，推进农业高品质发展，开拓农业发展领域，克服产业瓶颈和阵痛，进一步提高农业发展质量和效益，提高农业科技创新水平。

一、"区块链＋农业"的内涵和意义

（一）"区块链＋农业"的内涵

根据中国信息通信研究院和可信区块链推进计划《区块链白皮书（2019 年）》的阐释，区块链又称为分布式账本技术，使用密码技术确保传输和访问的安全。从以数字货币为中心的 1.0 时代到以智能合约技术为中心的 2.0，再到以产业区块链和分布式金融为典型代表的 3.0 时代，区块链技术的全面应用，提高了市场效率。"区块链＋农业"是指进入区块链 3.0 时代后，区块链以先进的技术特征对农业应用场景和农场规则进行再设计。新的信用系统在区块链技术下被重新定义。从许可证存款、证书的追溯性到风险控制，涵盖种植业、养殖业、供应链管理、物联网、数字融资、数字资产流通等多个领域。"区块链＋农业"本质上是以技术创新为基础、经济社群为组织、数字金融为动力、产业应用为价值的四重创新融合。基于区块链技术，可以链接不同的新农企业和多方的合作伙伴关系，例如生产商、供应商与经销商协作关系。在各方面优化交易机制，实现信息的透明共享，提高市场效率，节约交易成本。

（二）区块链农业发展的意义

第一，优化发展结构，促进农业发展，推动农业发展方式转变，推进优质农业发展和农业供给侧结构性改革。随着农业竞争力的下降和结构失衡的加剧，加快传统生产方式和农业经营方式的转变，大规模、低效地进行连锁经营技术的生产、流通、融资。鼓励农业社会服务等部门，可以有效降低农业生产流通成本，实施可靠的合作和支援，优化管理和加工，实现服务现代化、资源定位和科学管理，提高种植精准度，实行网络销售，实施明智决策和社会服务，切实提高农业生产效率和环境管理水平，改善生态环境。

第二，满足人民群众的多种需求，发展数字农业、智慧农业和信任农业、有机农业、可视农业等新兴产业。世界各国支持扩大和调整农产品供应结构，提高国民经济发展水平，改善当前消费结构。加快包括区块链在内的新基础设施建设，改变生活方式，刺激消费需求。提高产业链整体的透明度和响应力，确保生产者向消费者提供透明需求的重要驱动力，提高消费者的安全和环保农产品意识，进一步提高顾客的忠诚度，开发农业体验等虚拟农产品。充分满足城市用户的个性化需求，解决农业和农村生产问题，加快数字化农业、智能农业、虚拟农产品、放心农业等新商业模式的改革和推广。新的经营模式、新的景象，将成为孕育强大生命力、推进农村振兴战略的强大力量。

第三，提高农业数据资源价值，促进农业数字化转变和提高。美国农业数据对提高农业生产力和资源配置效率起着重要作用，在优化农业生产结构中，数据互连、标准化是市场化数据分布和产业化应用的前提。在大数据时代，区块链有助于改善农业数据资源，促进集约化、精密化、农业生产的智能化和数字化，也促进了农业数字化转变和现代化。集团和农业产业链的深度融合为数据资源提供高成本性能的法律确认服务，提高数据的分配和交易效率，不仅为农业服务的综合框架的建立提供了新的动力，也为农业产业的发展提供了新的动力。因此，区块链对于提高农业数据资源价值起着非常重要的作用，是加快农业产业和智能企业转换的新动力。

二、"区块链＋农业"政策的支持与发展现状

（一）国内"区块链＋农业"政策支持

随着新一轮科技革命和产业改革，中国农业进入了高品质发展的新阶段。中央政府和地方政府高度重视下一代农业信息技术融合发展，国务院发布了国家信息化"十四五"规划，明确了区块链技术创新、平台创新、应用创新、监管创新这四大创新方向。推动智能合约、共识算法、加密算法、分布式系统等创新，完善农业监管机制。"区块链＋农业"正在逐步完善，农业产业链的数字化与一体化正在急速推进。许多地区成功应用了区块链技术，运用"区块链＋电商"，促进了中国农业的发展和脱贫致富。京东人工智能工程（Articial Intelligence Project）采用人工智能、区块链等数

字技术，实现了智能能源和产品的全程跟踪。

（二）"区块链＋农业"发展现状

区块链和农业的结合有着广泛的应用前景。目前，区块链技术已应用于农产品质量安全跟踪、数码农业资金、农产品网络连接、农业保险、电子商务、供应链管理等多个领域。

1. 基于区块链技术的农产品质量安全跟踪

农产品质量安全跟踪是区块链中使用最多、技术最成熟的一环。尽管国家农产品跟踪平台于 2017 年 6 月建成并使用，但在实践中遇到了一些问题。例如，实行追溯性管理的话，经营成本就会增加。产品的市场价值很难反映在品质的追溯性上。一方面，很多中小、微农业企业的发展水平不一，很难全面推进追溯性管理的实施；另一方面，农产品质量安全追溯系统继续在不同地区实施，在整体管理过程中，所有产品的安全链接都通过分散存储的上行链路进行记录。职能指令手册确保产品的所有环节信息的可追溯性，使信息透明，不是操作农产品的可追溯系统，而是在生产过程中建立新的可信赖系统。华为发布的"智能农场沃土云平台"采用区块链等计算机技术进行农业生产管理、水稻生产智能管理、农业生产智能管理。农产品的可追溯性和农产品的智力分析、区块链的重要公私不对称性试验技术验证了 D－mark 的真实性，保护了 D－mark 的价值，为农产品的质量安全提供了有效的保障。

2. 基于区块链技术的下一代农村电子商务

农村"区块链＋电子商务"构建农村电子商务信用系统，构建下一代农村电子商务体系的新型区块共同信任系统，基于区块技术的农村电子商务平台和农村电子公共市场建立农产品电子商务标准和流程，促进农村电子商务结算，避免信息流通不足导致的价格差。FIM 在区块链技术下自动运行农产品电子加工，区块链的许多参与者，例如，制造商、销售商和消费者在共同的忠诚系统中实时监控物流链，随时显示交易记录装置彻底分析支付手段的位置。不管谁有问题，所有记录都可以被质疑。结算过程真实而透明。由于电子商务（CAO）是农村区块链电子商务的销售欺诈和客户数据泄露，使电子商务更加真实、有效和可靠。打破消费者与农产品企业之间的信息壁垒，利用可靠数据库进行交易数据管理、资金管理、多平台电子交易信息服务和风险控制，从而有效保证交易过程中的安全、稳定。

3. 基于链块技术的农业供应链系统

"区块链＋农业供应链"不仅实现了产销平衡，而且大大提高了整个生产链的效率，利用分布式计算机技术的特点，使农民和其他产业、农业合作社、农产品加工商、销售和零售商解决了产业链的多个组成部分之间的信息不对称问题。为了促进农产品流通，实施农产品流通销售系统，参加者的数据整体建模，通过智能合约交换农产品供应链的数据，提高信息流、物流和资金流的效率，建立基于供应链的风险评估机制，通过运营技术和信息链推进追溯系统不断创新和现代化。防止信息操作，提高农业供应链管理效率，有效防止假冒商品流入，构建公平、秩序、成本密集的产业环境。

4. 基于区块链技术的农产品网络化

"区块链＋农业物联网"通过高冗余的存储模式，可以节约在互联网上实际收集数据的数据中心的建设和维护成本，提高数据存储的安全性，维护状态降低服务器运行压力，明显降低所需的支持成本；通过单网区块链技术来解决信息获取和流动问题，提高信息量和互联网设备利用率；通过互联网收集农作物生长数据对农产品的可追溯性和农产品的成本效益管理方向发展提供充足的数据存储、信息交流和信息透明度。

5. 基于区块技术的农业融资

中国农业市场规模达 10 亿，但农业金融服务较弱，农业市场整体发展引起供求矛盾突出。信息透明度高，防止信用生产者不良行为，提高信用效率，不仅有利于集体经济组织和农民提高贷款效率，而且还有助于金融机构风险控制，区块链合理预见了农业行为，提高了金融机构的贷款积极性。2020 年，基于区块链技术的金融服务平台首次发售，打破了农村金融困难局势，正式列入《2020 全球区块链创新应用项目集》。

6. 基于区块链技术的农业保险

农业保险流程简化，不需要保险合同的执行时间。当保险合同签订后，农业保险的执行时间大幅缩短。控制区块链版本，从全球海量数据中提供自然灾害信息，加快农业保险的快速评估和赔偿，确保相关人员的保险和经济数据的真实性，对农业灾害和保险损失进行了更为严格的调查。例如，农业保险事业单位的安化研究、鱼鸭保险的设立解决了养鸡场保险的产业化问题，调查了实施监督管理中产生的高风险收费、低农业成本等问题，为发展农业保险提供新的思路。

第四章　利用区块链技术解决跨境电子商务出口贸易问题

第一节　区块链技术的内涵

一、区块链及区块链技术的含义

(一) 区块链的含义

区块链是一种用于建立比特币数据结构和加密交易信息的基础技术，区块链的本质就是去中心化作为比特币数据块的核心支持技术。它采用的是非对称加密算法，在保证不被更改的同时，还会延长时间来确认可跟踪性。现有的区块链技术包括公共链、私有链和联盟链三种应用方式。公共链是指完全开放状态的集团系统，其中之一就是比特币，可以自由地加入任何节点，参与原始数据的处理，例如查阅、校验、编写、协议等。私有链是一种相对较少的、类似于数据库的集中式区块链，通常用于特定组织的内部数据审计和管理。联盟链是一种具有访问控制机制的区块链。每个参与者被分配一个角色，并被授予不同的节点和权限。经常用在由多种实体构成的组织或同盟中。①

Martin Hellman 和 Whitfield Diffie 于 1976 年发表了《加密的新方向》，在他们的研究中，首先提出了公钥（Public Key）的概念，并着重研究了分布式通信方法，这为区块链技术的发展提供了安全的理论基础。美国国家安全研究所提出了 SHA - 256 算法，为区块链技术的发展提供了必要而重要的技术支持。2008 年，中本聪最早提出区块链概念，并基于区块链技术创建比特币，狭义上讲，区块链是一个分布式账本，根据加密原理，将现有账本和新账本依次形成链数据结构，保证不被篡改和伪造。广义上讲，区块链技术是一种新计算方法。区块链是一种以分散的方式维护一个新的、可靠的数据库的技术解决方案。从技术上来讲，区块链不是一项新发明，也不是一项新技术，而是不同技术的集成和融合，如非对称加密、时间戳、分布式账本、共识机制、智能合约等。

区块链技术作为一种颠覆性的技术，已经被广泛应用于供应链管理、数字金融、社会福利、医疗等领域，并在实际应用中不断得到发展。

从根本上来讲，区块链是所有参与者集体记录和交易的账户调整系统。它是一种利用分布式的存储技术，根据时间顺序和端到端的原理开发的新型链结构数据（见图 4 - 1）。与此同时，区块链系统结合了密码技术，使其无法被篡改和伪造，并通过对等（P2P）传输共享区块链内的数据和信息。每个"块"是一个信息块，用来记录交易活动，而"链"是用来连接许多信息块的规则。区块链是通过许许多多复杂的链，由许多信息块组成的信

---

① 孙妍. 我国跨境电商出口贸易问题解决对策——基于区块链技术［D］. 天津商业大学硕士学位论文，2019.

息数据库。区块链技术可以解除对企业的信任，由此减少交易费用，进一步扩大交易机会。未来 10 年，商务技术领域的焦点将是区块链技术。2016年，作为分布式共享会计技术，区块链技术受到广泛关注。中华人民共和国工业和信息化部（以下简称工业和信息化部）首次认定的战略性和破坏性技术就是区块链，并被列入国务院国家信息化规划的"十三五"规划。2017 年 10 月，国务院指导意见指出，要大力推进区块链技术在供应链中的创新与应用。区块链技术因其具有交易可追溯性、智能合约、去中心化和信息透明等特性，已被广泛应用于多个领域。

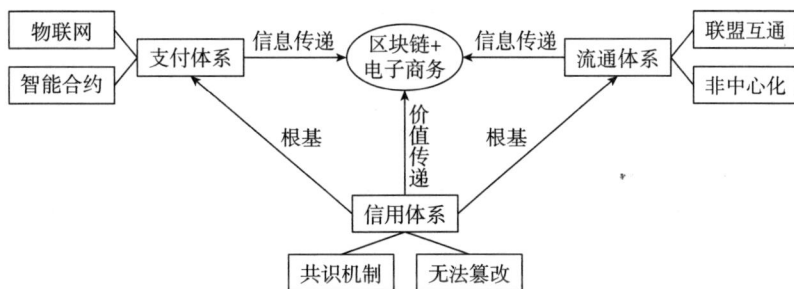

图 4 - 1　区块链视角下的电子商务体系架构

资料来源：笔者自制。

区块链一般具有四个特性：一是去中心化，即各分布式节点具有同等的责任、权利和义务，没有自己的控制装置，为了保障系统的诚信，各节点的数据信息相互备份，单一数据的变更或损失不被影响。二是透明化，这意味着所有数据的检查、修改和传输都必须在所有节点上进行验证。此外，当区块链加密程序将密钥封装机制和数据封装机制结合起来时，将满足透明度、安全性和所有权保护等要求。三是智能合约，即应用可变形编程系统构建，在每个节点上给出需要完成的义务和效力判定的必要条件，在没有监督的情况下，合约内容可以有序自动地完成。四是可追溯性，由于由时间戳组成的块链数据库不可能篡改和伪造，并且通过链存储结构可以完整地记录传输路径，从而可以生成数据信息的时间维数。

区块链也被称为分布式的、不变的数字交易存储设备（Distributed Ledger）。数据库是最接近区块链的定义。不过，与传统数据库相比，区块技术有许多优点，而且相对复杂。在理论上，网络中的少数参与者不可能入侵或控制所有网络，存储的数据同时存储在网络中的所有节点上，用户不可能随意更改区块链上的记录、数据等。通常，区块链可以在网络参与者之间更稳定地存储和传输数据。数据链是数据的特性，数据独特性（Data Unique）是指在一个区块链中所包含的所有数据都是独一无二的。区块链具有不可篡改的特性，当信息加入到区块链时，它就会保持不变，记录下来的信息也是不可逆的。数据安全（Blockchain Data Security）区块链可以在高水平上保证数据的安全。区块链系统通过加密将数据以哈希编码存储，因此，如果恶意的网络用户没有特殊的密钥就无法获得这些密码数据。区块链无需任何中介，因为有内置管理系统，所以不用委托第三方。不仅如此，区块链还具有完全透明性，可审计性使得每个网络成员都能看到区块链上的每笔交易。

（二）区块链技术的含义

2016 年，区块链作为一项分布式共享记账技术被引起广泛的关注。2021 年在《加快数字发展　建设数字中国》篇章中，区块链被列为"十四五"时期七大数字经济重点产业之一，迎来创新发展新机遇。区块链首次被纳入国家五年规划当中，成为发展数字经济和建设数字中国的重要载体，这标志着区块链技术的集成应用将在数字产业化和产业数字化过程中发挥愈发关键的作用，并将促进数字技术与实体经济深度融合，赋能传统产业转型升级，催生新产业新业态新模式，壮大经济发展新引擎。

区块链技术具有对等数据非对称加密、智能协议、传输方式等技术，可以更好地帮助解决传统跨境电子商务中存在的各种跨境物流、跨境支付、跨境产品质量等问题。从此，区块链技术作为互联网基础协议之一在世界范围内被得到认可和关注，主要涉及的领域是身份认证、电子商务，工程防伪、市场预测、数据存储、资产交易等。

被称为分布式记账技术的区块链技术是一种新型的网络数据库技术。这种技术的主要特点包括开放、透明和去中心化，该技术为用户在区块链中记录和获得数据库信息解除了权限。当信息进入区块链时，所有在该区块中的人都可以马上获取相关信息。区块链技术为区块链中的每个参与者存储所有数据的副本提供了方便，并可以在不需要添加第三方的前提下实现实时共享。通过这种方式，区块链技术可以全面、透明、实时、真实、公开地更新数据库中的信息。因为去中心化的区块体技术的特性，可以消除跨境结算过程中的层级代理结构。在区块链技术中，信息的不变性实现了跨境物流的有效监督和跨境的可追溯，保证了商品信息的真实性和跨境产品质量。

近些年，随着比特币的流行而兴起的区块链技术在全世界得到了迅速的发展。区块链的宏观层面是指具有信息技术、可扩展规模的去中心化的网络结构系统，微观层面是指区块链的结构构成。核心区块链技术主要反映在以下四方面：一是 P2P 联网模式，即各块链节点可以在系统均等分配，独立参与整个系统，单一节点问题不影响交易者们的交易信息公开，全盘操作效率是可靠的。二是时间戳技术的创新性。它表示在交易数据上增添时间维度，交易数据使用时间顺序永久保存。其用处是保护数据不可伪造、确保数据库的安全，具有保障公平交易的跟踪管理系统。三是非对称加密技术，它可以自动生成公钥和私钥的加密或解码数据，该技术极大地提高了区块链系统数据的可靠性与真实性。四是智能合约（Smart Contract），也就是运用编程，给发生交易的双方设定电子化触发条件，确保交易过程公平正义，使其更符合交易规则。各节点之间区块链技术的实行，降低了合约成本，并提高了整体运作效率。

区块链技术可以简单地描述为：我们如果把区块链数据库假设成为一个账本，读写区块链数据库就可当成一种记账行为，一个人产生记账行为后会将这一页的信息发送给整个系统内的所有的参与者，这就相当于增加了区块链系统中的记录，并将信息发给的其他参与者，因此区块链技术也被称之为分布式的账本技术。

目前，区块链技术的实际应用研究主要集中在能源环保、供应链管理和金融交易等方面。李晓等借鉴链块治理的分散机制，构建了多层次、多视角的供应链智能治理机制，从而解决了互联网时代供应链的机会主义风险和企业对供应链治理的信心问题。借助区块链与供应链物流特征的相似性，汪传雷等从对象、属性与功能的角度阐述了资源管理模型，构建了供应链物流的信息生态系统模型。张宁等从信息、能源、价值等方面探讨了区块链在能源互联网上的作用及其面临的挑战，并以物理碳排放信息和认证系统的安全性为核心，论证了区块链技术的实际应用价值。佘伟等将区块链技术与能源互联网上的虚拟电厂相结合，设计了改进的 VPP 运行调度模型。另外，P2P 贷款的发放、区块链的融资以及资金人群的融资、网络保险等金融交易模式可以有机地结合起来。由于分散性的特点，可以建立一个高度分散的信用金融市场。同时，区块链的智能合约和可编程功能可应用于银行相关证券和公司，能够有效地进行方便快捷的交易，我国电子商务的研究主要集中在物流配送、信息安全和跨境发展等方面。丁庆阳等将互联网从技术到区块存储架构的"级联效应"结合起来，分布式解决了消费者（B2C）交易平台和防伪产品信息不对称的问题，为了弥补产品造假的脆弱性，保证所传递信息的可用性和真实性，金虹等根据系统论分析方法提出，跨境电子商务的根基就是产业信息的整合。企业转型和现代化全球布局，有助于中国跨境电商实现更好的可持续发展。张斌等认为，要以专业化物流为出发点，解决流程冗余问题，由于跨境电子商务物流设施不足、技术水平低，所以要支持 AOS 服务，优化商务合作方式，完善法律政策。张夏恒根据产品流向趋势、平台上操作的产品类型和交易主体属性，将跨境电子商务类型分为三类。目前应用最广泛的分类方法是自开发平台。

综上所述，电子商务发展的难度和区块链的技术特性是一致的，目前对区块链和电子商务的整合研究还不是那么充分。因此，首先，本书从电子商务三大核心模块——支付系统、配送系统和信用系统的建设为抓手，使区块链的技术特性和经营概念成为连接集成电子商务系统中价值流和信息流的桥梁。其次，从电子商务平台用户角度，从采购、销售、交易、支付、发票等环节详细地阐述区块链技术的运行步骤，为今后实际应用提供参考案例。最后，从技术、资源、法律等方面分析基于区块链技术的电子商务平台所面临的风险，并对此提出相应的解决方案。

二、区块链核心技术

（一）分布式存储

分布式的存储与点对点的传输方式，不仅可以应用到跨境支付领域，还能应用到跨境物流领域。这主要归功于分布式存储和点对点的传输方式能消除跨境支付层级代理结构的特点。跨境物流系统是由众多相关主体构成的利益共同体，这与区块链技术多节点参与也非常符合。点对点的存储方式就是指区块链系统中的数据并不像现在的数据存储一样，存在一个或几个特定的数据库中，而是储存在所有参与区块链系统主体的计算机中，区块链技术具有去中心化的特征也正是分布式的存储所决定的。并且因为区块链中的每个节点都可以参与到系统的运作中，并储存区块链的所有数据,所以即使某个主体出现了问题,也不会对整个区块链的运行产生影响,因为真实的数据仍然保留在其他节点中,单一节点无法影响已经储存的数据。经过验证的信息就能够添加在区块链中,并且可以永远地保存,只有在同一时间管控区块链系统中节点过半,不然单个的节点无法对区块链数据库中的数据进行改动,因此,区块链参与者能够信任这些数据。以上就是区块链技术的分布式存储和点对点的传输方式的介绍,其特点可以应用到跨境支付领域和跨境物流领域。分布式记账网络如图4-2所示。①

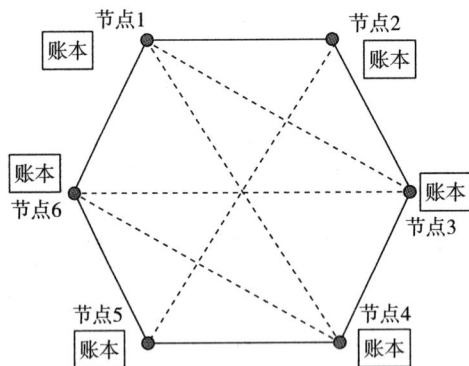

图4-2　分布式记账网络

资料来源:孙妍(2019)《我国跨境电商出口贸易问题解决对策——基于区块链技术》。

(二) 时间戳技术

区块链的一大核心创新技术就是时间戳技术,它确保信息不可篡改和可追溯,应用于跨境溯源把控品质和跨境物流领域。在区块链系统中,系统内的一切数据都被时间戳技术赋予了时间维度。换句话说,按照时间先

----

① 孙妍. 我国跨境电商出口贸易问题解决对策——基于区块链技术 [D]. 天津商业大学硕士学位论文,2019.

后的顺序区把块链中的交易信息连接成链，并且对每笔交易信息加盖时间戳，这样可以使所有的交易信息在区块链中按照时间先后顺序被永久保存下来。这样的设计方式使越久远的记录越难更改，更改难度随时间的推移而不断增加。① 时间戳技术给交易数据赋予了时间维度，使区块链技术有了可追溯性的强大功能。除此之外，时间戳是被写在区块链中的，一旦加盖时间戳的交易信息被人为篡改，生成的哈希值也会随之改变，数据就会变成一个无效的信息，所以区块链成为一个不可篡改的数据库系统的重要保障就是时间戳技术。所有的区块链与交易者都是平等的记账者，并不存在中心机构控制交易数据，在满足事先规定的条件后，所有交易合约都会自动触发。由于时间戳技术所带来的不可篡改性和可追溯性，从而使区块链应用于跨境物流领域和跨境溯源领域，用来把控跨境商品的品质。时间戳技术其实本身并不复杂，但是将时间戳技术与区块链技术融合在一起发挥作用是重大的创新所追求的。

（三）分布式共识算法

使区块链中各个节点达成一致性的算法称之为分布式共识算法。通过特定的加密手段以及数学中的某种"共识协议"来完成交易程序中的认证，该协议能够确定更新的账本所采用的规则，这使相互没有信任的参与者可以进行协作，却又不用依靠单个能够信任的第三方机构。因此，经济学家把区块链叫作"信任机器"。参与区块链的人，拥有随时随地访问以及查询账本的权利。举个例子，甲想与乙达成交易，甲不用通过第三方机构去验证乙的诚信情况，查看区块链中乙的交易记录，就能确认乙是否存在过不良的交易记录，根据在区块链中存储的过往数据就可以判断能否与乙进行合作。随着时间的推进，区块链相关交易记录是不断累计的。分布式共识

---

① 姜旭男．区块链在跨境电商中的应用研究［D］．天津商业大学硕士学位论文，2020.

算法可以使所有参与者对新的区块进行认可，从而去建立对于先增数据的认可，使使用者无条件地信任区块链中的数据。由于分布式共识算法的存在，区块链的信任机制被建立起来，这也是区块链技术应用于跨境支付、跨境物流、跨境溯源等领域的一个基础。

点对点分布网络节点间达成一致性的算法称之为分布式共识算法，区块链是变化的，并且是按照时间先后顺序不断累计的。共识算法就是要让所有人认同新增加的区块信息，完全的信任在变化的环境中重新建立信任机制，以确保区块链系统的运行。常见的共识算法包括权益证明、授权股份证明机制、工作量证明等。无法篡改区块记录的特征，使参与者可以任意查找一个区块的全部的交易记录。在较高的网络延迟下，每个节点所观察到其他节点的时间先后顺序没有办法完全一致也是由于区块链系统使用的是点对点信息传输方式。在此，就需要一个识别机制协助各个节点准确地分辨在相差无几的时间内交易的先后顺序，于是把这种能够识别顺序的算法称之为共识算法。目前，区块链识别算法包括权益证明（POS）、工作量证明（POW）、股份授权证明机制（DPOS）、拜占庭容错算法（PBFT）以及 Pool 验证池。尽管区块链系统具有多种共识算法，不过每种算法都有明显的缺点。例如，很多商业场景不需要代币，而股份授权证明机制的共识程序需要依赖代币；工作量证明的共识达成时间较长，不易用于商业。①

（四）非对称加密技术

非对称加密技术是一种来确保区块链数据安全性的技术保障，采用接收方公开密钥和接收方私有密钥对区块链中的数据进行解密与加密，接收方私有密钥和接收方公开密钥是自动生成的密钥对。区块链系统内通过广

---

① 孙妍. 我国跨境电商出口贸易问题解决对策——基于区块链技术［D］. 天津商业大学硕士学位论文，2019.

播的形式发出信息，接收方公开密钥对区块链中的所有节点公开，而接收方私有密钥则非公开，当接收方需要加密的相关数据信息时，需要使用对应的接收方私有密钥进行解密。由于接收方公开密钥和接收方私有密钥的存在使得区块链的非对称加密技术相较于传统的加密技术而言提升了区块链系统内数据的安全性。图 4 - 3 是区块链非对称加密的相关流程，介绍了公钥与私钥对信息的加密与解密程序。

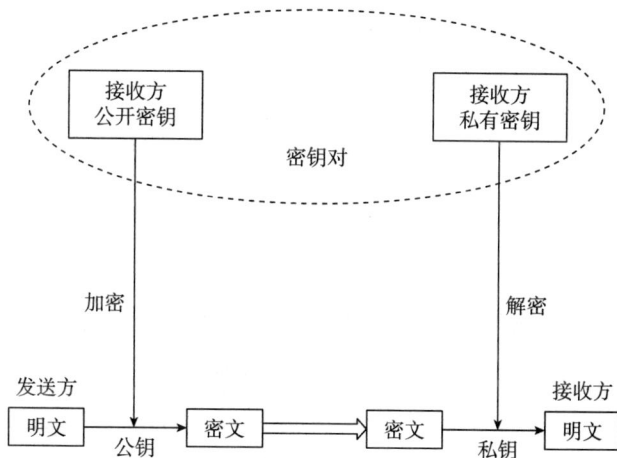

图 4 - 3　非对称加密流程

资料来源：孙妍（2019）《我国跨境电商出口贸易问题解决对策——基于区块链技术》。

　　非对称加密技术采用私钥和公钥对数据进行加密或解密，公钥和私钥是自动生成的一对。以广播形式发出区块链系统内的信息，私钥严格保密，公钥对所有节点公开，发出的信息都用公钥加密，需要使用对应的私钥解密，可以使接收方获得数据信息。所以，非对称加密技术可以提升区块链系统内数据的真实性、安全性以及可靠性。

　　区块链系统一般采用非对称式的加密方法，公钥和私钥必须同时使用才可以加密和解密存储在区块链上的信息数据。公钥是公开的，但私钥一定要做到保密，必须经过其他节点的验证，区块链中每个节点才可以传输信息。只有当全网节点全部通过认证达成了共识，信息的传输才可以顺利地进行。在这一过程中，任何不当及其恶意的篡改行为，都会被其他节点排斥、查验与纠正，这样从另一个方面也确保了区块链的不可篡改性。

最后，时间戳技术。时间戳是将区块链系统赋予时间维度，将节点按照时间发生的顺序相连并盖上系统时间证明，① 给区块链系统内部的数据交易信息提供了准确时间。区块链系统具有可追溯性的特点是由于区块链系统中的时间戳都是唯一的，使数据不能被恶意篡改。

严格地讲，区块链系统的智能合约特性是与其去中心化特征相似的，它是利用了相关的数字安全技术及加密技术，进而可以实现更为安全的互联网交易。提高区块链系统内部交易的安全性和效率，这也是区块链系统设计智能合约功能的目的所在。在区块链系统内设立一个规则，在没有第三方介入的情况下，不管交易的双方是恶是善还是无意的，区块链系统都会默认双方完成了交易，不会再征求和听取双方的想法，这样的规则显著提升了区块链系统内部运作的效率。区块链系统的智能合约特性从本质上来说就是设定编程语言。虽然该语言不是法律条文，但是在区块链系统内部认定了"代码也就是法律"，也就使区块链系统的运营者也无法阻止交易。因此，区块链系统的智能合约特征在制定、执行和验证交易合约时成本更为低廉，而且还可以在所有节点上同时运行，这样使效率得以提升。

该技术又可称为公私钥加密，也就是分别使用不同的密钥进行加密和解密，有效地避免传递密钥的程序中出现被非法截取的风险。在这种加密

---

① 孙妍. 我国跨境电商出口贸易问题解决对策——基于区块链技术［D］. 天津商业大学硕士学位论文, 2019.

技术中，每个人都拥有一对自动生成的密钥，在这对密钥中，对所有节点公开的叫作公钥，严格保密的就叫作私钥。使用公钥进行加密的数据信息，只有使用对应的私钥才可以解密。非对称加密的工作原理是在信息传递的程序中，发送方使用公钥对信息加密，并使用私钥对信息进行签名，接收方使用公钥对签名进行验证，通过后使用私钥解密。通过这个程序，非对称加密提升了区块链内数据的安全性。

（五）智能合约

智能合约是通过编程语言来执行合约的。首先，通过编程手段将交易双方的要求进行设定，在系统内设置好触发条件。其次，在执行约定合约时，只有事先设置好的触发条件被触发时，智能合约才会被自动触发。这种自动触发系统会使得合约不会轻易地进行变更。智能合约的自动触发机制保证了交易合约都会在满足事先规定的条件后自动触发，这样的约定会使交易变得更加可靠便捷。智能合约的自动化使用，就是自动地运行计算机程序中的流程以及使得支付变为自动化，从而使智能合约的使用能够提高交易效率。

智能合约是通过编程手段将节点上交易双方的承诺进行电子化设定，与此同时设置一个触发条件。当预先设置的条件满足后，合约将自动触发，从而完成一个交易。智能合约的执行方式更加简便，它是通过程序语言来强制执行合约的。因此，只要节点双方约定了一个智能合约，系统的运营方就没有办法轻易改变它了。除此之外，智能合约在制定合约条件、执行合约内容以及验证合约合规性等方面的成本更低廉，而且能够同时在多个节点之间执行，这样极大提升了区块链系统的运行效率。

在区块链技术中，代码即合约，我国跨境电子商务发展进步可以巧妙地利用智能合约去消除信任鸿沟，进而可以推动交易双方的合作共赢。在区块链技术的支持下，可以利用编程方式对节点上的交易双方承诺进行电子化的设定。预先设置相应的触发条件，当跨境电子商务交易双方行为一旦满足触发条件，智能合约就可以自动地执行计划。这样就使得智能合约可以更为有效地约束跨境电子商务交易双方之间的行为，形成更为有力的合作关系，进而可以消除两者之间存在的信任鸿沟。利用智能合约取代文本条约的方式，也可以有效规避跨境电子商务交易程序中的合同风险，提升合同制定效率，加快跨境电子商务的开发进程，助力其进步和快速地发展。

适用于任意区块链数据结构的智能合约是一种旨在以自动化、信息化方式传播、验证或执行预先定义好的数字化合约。区块链系统内部设定规则，智能合约的透明脚本代码在区块链各个节点的共同监督之下运行，交易只要达到预先设定的标准，系统都将自动执行，不再需要获取交易双方的意见，这就提升了区块链内部交易的效率和安全性。从本质上来说，区块链技术的智能合约特点就是设定编程语言，遵循区块链世界"代码也就是法律"的规则，任何外部力量包括系统运营者都没有权限进行干预、篡改。因此，智能合约可以有效提升程序运行结果的可信度，并且可以降低交易成本，提升交易效率。

智能合约是由 Szabo 在 20 世纪 90 年代首次提出的理念。智能合约是一套完全数字化的承诺，将交易双方的权利和义务通过编程语言进行电子化处理，设置好合约自动执行的触发条件，编码完成之后，上传到区块链中的智能合约会进行定期检查，当预设条件被满足时，合约就会被触发并执行，从而使交易完成。基于区块链的特性，一旦智能合约设置完成，就不可能被任何人更改。相较于传统合约的执行，智能合约使交易流程变得更为简便，一切都是由程序语言组成的，极大地提高了交易的效率。

（六）点对点网络方式

点对点联网是指区块链系统中的数据不是存储在一个或多个数据库中，

而是分布在区块链系统参与者的计算机中。同时，点对点的组网模式也是区块链技术分散化的主要原因。另外，由于每个区块链节点在区块链系统中的分布是均匀的，每个节点都可以独立参与系统运行，即如果某个节点出现问题，导致数据损坏，不会影响整个区块链系统的正常运行，从而保证区块链系统内部交易的安全，从而提高系统的运行效率。另外，所有的记录都是按照交易的时间顺序进行的。所有交易者共享记录的内容，参与者都可以通过公钥和私钥查看账本上完整的交易记录。

　　点对点组网方式是指区块链系统内部的数据并非存储在一个或几个数据中心，而是分布式地存储在区块链系统内部参与主体的计算机中。同时，区块链系统内部的各节点没有地位之差，都可以存储及查询区块链系统内部数据，区块链系统内部的存储数据都是交叉备份，并且是被全体参与者共享，但每个节点的运营又是独立的，互相之间并不干扰。这种去中心化的分布式组网方式不仅能够非常有效地预防因为中心节点损坏而导致整个网络瘫痪，确保整个交易系统的安全性与流畅性，而且在一定程度上还能提高经济效率，节约交易花费的成本。点对点的传输方式是一种对等的互联网技术，系统内节点的计算功能与宽带是它的依靠，而不是仅仅在几台电脑中储存数据。去中心化的安全性更高，且拥有更强的能力来应对外来攻击，每个节点都具有中心化节点数据存储的作用，也就是无论哪个节点出现问题或者被外部攻击，区块链系统的正常运作都不会被影响，从而影响其他节点的运行。点对点传输技术的一大优点是数据可以在多节点上存储并且复制，即确保了系统的安全性，也可以提高运行的效率、降低成本。

　　点对点技术又叫作 P2P 技术，是整个区块链的基础计算架构，也正是因为点对点技术使区块链具有去中心化的特征。点对点网络的概念中没有中央服务器，网络中的每一个节点都是平等的，既能作为服务器提供服务，又能作为发送请求的客户端。网络中的节点之间可以直接进行数据的交换，一个节点的信息验证通过后会发送到相邻的节点上，经过网络的不断扩散，最终到达所有节点上，使资源可以在用户之间进行分享与利用。

（七）去信任化

每个块表示一个信息块，记录事务活动。链是许多信息块连接的规则。区块链是由许多信息块组成的"链条"。如果 A 和 B 进行交易，所有交易的内容都会记录在账户中形成一个区块。同样，C 和 D 的交易也会记录在账户中，所有记录都是按照交易的时间顺序进行的。记录的内容由所有交易者共享，参与者可以通过公钥和私钥查看账簿中的所有交易记录。所有交易员都是身份平等的簿记员，没有中央机构控制交易信息或数据。所有交易合同在满足事先约定的条件时自动触发。例如，如果 A、B 有还款合同，则在区块交易记录中满足事先指定的还款条件时，可以自动触发付款行为。因此，不可能篡改区块链系统的内部信息数据，这使区块链具有高信任度。严格来说，时间戳在区块链上的应用只是一种技术创新，不是一种新发明的技术。时间戳为区块链提供了时间维度，所有的块都按照事务时间的顺序连接成一个链。交易数据和交易时间将永久保存在区块链中，时间戳生成的每个区块是不可复制的。

（八）公钥、私钥加密算法

加密算法在区块链系统中的应用可以确保系统内部的信息数据无法被篡改，以此来确保信息数据的真实性与可靠性，这样的特性使区块链系统应用非常广泛。目前，区块链系统的加密算法包含非对称加密以及对称加密两种方式，基于技术手段实现的难易程度及其应用效果上考虑，目前大部分的区块链系统都在采用非对称的加密方法。在对区块链系统信息数据进行加密和解密程序时，公钥和私钥都需要使用，两者缺一不可。如果区块链系统内使用公钥（私钥）加密时，就必须用相对应的私钥（公钥）进行解密，虽然公钥是公开的，但私钥一定要保密。现在，非对称加密技术主要应用在信息加密、登录认证以及数字签名等场景。此外，区块链系统中重要且最为核心的技术就是时间戳技术。正是由于区块链系统拥有了时间戳技术，并且因为每一个时间戳都是独一无二的，所以区块链系统才具有可追溯性的特点，而且系统内的信息数据无法篡改。因此，系统内部任意数据一旦发生变化，已经盖上时间戳的数据将变成没有用的数据，所以公钥、私钥加密算法与时间戳共同确保了区块链系统具有可追溯性。

以上所述的核心技术使区块链可以在没有任何中央参与者介入的情况下运行。比如，新兴的商家就完全可以利用区块链技术使客户拥有直接对卖家进行访问的权利，而不需要通过集中的第三方平台。人们不需要注册账户就可以出售以及购买商品，消除了支付第三方平台的成本，支付一旦完成，智能的合约就会立即锁定资金，买方收到卖方发来的商品，并验证商品没有任何问题时，智能合约就会将资金释放。跨境电子商务采用区块链系统能够轻松追踪到之前的交易记录，并且智能合约能够通过自动付款来推动交易，促进交易效率提高，交易中的风险也会随之减小，交易效率的提升对于跨境支付领域与跨境物流领域有着很大的意义。

三、区块链应用于跨境电子商务的特性优势

区块链技术具有去中心化、开放性、自治性、信息不可篡改等几大特性。区块链系统中的每个人都可以加入数据库的信息数据的记录。去中心化的特征适用于消除跨境支付的层级代理结构。跨境物流系统是由多个主体组成的利益共同体，与区块链技术开放性的特征也非常吻合，每个节点都可以参与系统的运作，并存有所有的数据。跨境溯源是基于区块链技术信息不可篡改的特性。时间戳技术对交易数据赋予了时间维度使得区块链技术有了可追溯性的特征。由于时间戳技术所确保的不可篡改性，使区块链可以应用于跨境物流领域和跨境溯源领域，把控跨境商品的品质。区块

链采用协商过的规范使系统中的交易安全进行，进而建立信任机制，这也是区块链技术能应用于跨境物流、跨境支付、跨境溯源领域的基础。

第二节　区块链技术解决我国电子出口贸易跨境问题的现状与应用

一、区块链技术应用现状

（1）跨境支付中的应用现状。

2016 年，招商银行开发了基于区块链技术的跨境直赔系统。中国银行成为国内首家利用区块链技术完成国际货运业务的银行。2018 年下半年，通过区块链跨境支付系统的使用，中国银行成功地完成了韩国首尔至中国河北雄安客户之间的国际美元货运任务，成为国内首家利用中国自主研发的区块链支付系统完成国际汇款的公司，标志着中国银行在国际支付领域取得了重大进展[①]。区块链跨境支付系统的国际汇款具有运输速度快、无须对账的优点。中国银行利用区块链技术最大限度地提高了国际支付的安全性和透明度，通过区块链跨境支付系统，中国银行可以在区块链平台上快速共享交易信息，并可以在极短的时间内完成客户账的解算与付费，随时随地都可以查询交易的动态，实时地跟踪资金流动情况。更值得一提的是，可以使银行能够进行实时销账，及时地了解账户关键信息，提高了流动性管理的效率。在银行业中，区块链应用正在一步一步地落地，虽然，目前

---

① 姜旭男. 区块链在跨境电商中的应用研究［D］. 天津商业大学硕士学位论文，2020.

区块链落地银行的数目很少，但在这一领域已经受到了很多的关注。其实在中国银行实现利用区块链支付系统完成两国间的国际汇款业务之前，阿里巴巴公司早已经完成了全球首笔区块链跨境汇款业务，这笔交易是由招商银行联手永隆银行、永隆深圳分行完成的，利用区块链技术进行同业间跨境人民币清算业务。已经落地的这些项目代表着中国的区块链技术在国际支付领域中取得了重大进展与成就。

在中国，2018 年 6 月，阿里巴巴旗下的金融蚂蚁服务在中国香港推出跨境发货电子钱包服务。基于区块链技术，用户可以使用港版支付宝（Alipay HK）向菲律宾的电子钱包汇款，仅仅 3 秒就完成了汇款，整个程序耗时极短。苏宁银行将区块链应用到信用证结算上，在 2019 年 4 月完成了基于区块链的福费廷业务交易，交易对象是建设银行的江苏分行。交易的全流程与相关文件实现了可视化和实时化，提高了付费业务的安全性和效率。2016 年招商银行在区块链的应用上有所突破，成功将区块链用于跨境直联清算，使报文传递缩短时间大幅降低。中国银行于 2017 年 1 月推出了基于区块链的电子钱包，于 2018 年 8 月利用区块链技术完成了河北雄安至韩国首尔的美元跨境汇款，具有无须对账、汇款程序快速又安全的优点。国际上，信用卡支付巨头 VISA 在 2016 年 10 月上线了基于区块链的 B2B 支付服务，在 2018 年中旬进入试点阶段。万事达卡（Master Card）在 2019 年 9 月宣布与区块链公司 R3 进行合作，开发基于区块链的跨境支付解决方案。

（2）跨境物流中的应用现状。

我国的互联网巨头和跨境电子商务企业已先后加入研发区块链的行列，积极地探索区块链在跨境物流中的应用。腾讯是较早行动的公司，区块链的布局在 2016 年就已经开展起来，主要是提供区块链方面的技术支持。在 2018 年 3 月腾讯落地了基于区块链的供应链、联盟链及云单平台，项目是由腾讯和中国物流与采购联合会共同开发的。云单平台基于区块链的加密技术与不可篡改的特性，将纸质运单电子化保存在区块链上，既能确保运单数据的安全可靠，又降低了成本。同样在 2018 年 3 月，阿里巴巴的子公司 Lynx 国际也通过研究与试验将区块链与跨境物流整合起来，在区块链上记录生产运输、海关检验等环节的信息，从而实现跨境物流信息的统计与追踪，成功地将区块链技术应用于他们的跨境物流业务当中。Lynx 公司表明，基于区块链系统，有关生产、运输、海关、第三方核查、安检等相关跨境物流的细节情报已经被记录下来。解决跨境物流追踪等问题，使用区块链技术是实现商品的品质与工作效率双方面的升级。传统的跨境电子商务企业，例如，京东、苏宁等，近些年的重点也是打造区块链在货物追踪方面的应用。国际上，2018 年 8 月航运巨头马士基与 IBM 合作推出了基于区块链的货运平台 TradeLens，目的是通过将运输单据上传到区块链，减少纸张方面的成本。一些国际快递公司，例如 DHL 和 FedEx，正在努力将区块链与日常运营结合起来，探索区块链在跟踪货运、管理物流等方面的应用。

（3）跨境溯源中的应用现状。

跨境产品质量问题产生的主要原因是产品难以追溯，无法确定责任主体，国内外都在积极探索基于区块链技术解决跨境溯源问题。英国 Provenance 软件公司为了确保食材数据信息的真实性与可靠性，选择采用将食材的全部信息记录在区块链系统中。在中国，众多的跨境电子商务企业也在跃跃欲试。阿里巴巴与京东为了使其商业透明且商品信息具有可追溯性，也早就应用区块链技术来不断完善跨境食品供应链。例如，2017 年，天猫国际开始启动全球原产地溯源计划，在 2018 年 2 月与菜鸟网络共同启用区块链追踪跨境产品。应用于区块链技术在跨境食品的各个环节，依赖于机器采集数据，跨境溯源方面信息不对称的问题得到了成功的解决。

二、区块链技术应对跨境支付问题

在目前存在的传统国际支付业务中，跨境支付交易信息不需要在多家银行之间反复地进行流转与处理，这些银行中不仅有国内银行，也涉及了国际银行，这样使得要完成一个跨境支付业务，不仅需要耗费大量的人力与时间成本，还会导致跨境支付业务的客户无法实时获取交易处理的状态[①]。由于流程过于繁杂，从而导致了用户体验感差，更严重的是有可能泄露个人信息和交易信息造成巨大的损失。就目前来说，在跨境电子商务支付中，我国仍然存在管理资费成本高、手续烦琐、经营风险盲点多、资金流转时间长、安全隐患多等问题，这些都限制了我国跨境电子商务的发展。我们需要不断地探索区块链技术，并学会运用这些技术有效去解决传统跨境电子商务支付所存在问题，从而更好地促进我国跨境电子商务产业的发展。

区块链具有去中心化特点，基于不需要信任协调的共识机制算法，买方和卖方不必经历烦琐的货币兑换阶段，也不需要复杂而耗时的信息同步和协调，这大大提高了结算效率，与传统的跨境支付不同，区块链技术改变了一般的跨境支付流程，但这种转变只能在去中心化的前提下完成[②]。利用区块链技术促进我国跨境电子商务的发展，去中心化的支付过程是：买方确定需求，下订单并预付一定比例的货款。在收到买方付款后，第三方立即通知卖方发送其产品。收到第三方信息的卖方在买方收到货物并发现货物没有问题，第三方会把所有的支付转移到卖方的账户上，最简单的分散交易方式就是交易程序，这在目前的跨境支付中是有使用的，这里提出

---

① 姜旭男．区块链在跨境电商中的应用研究 ［D］．天津商业大学硕士学位论文，2020．

② 孙妍．我国跨境电商出口贸易问题解决对策——基于区块链技术 ［D］．天津商业大学硕士学位论文，2019．

的问题之一就是第三方机构确保资金和数据的安全是否可靠。第三方机构容易影响跨境交易，而第三方机构的安全性在交易过程中至关重要，因此，分散的跨境支付方式仍然存在诸多安全风险，这并非绝对正确。图4-4显示了简化的集中支付流程。

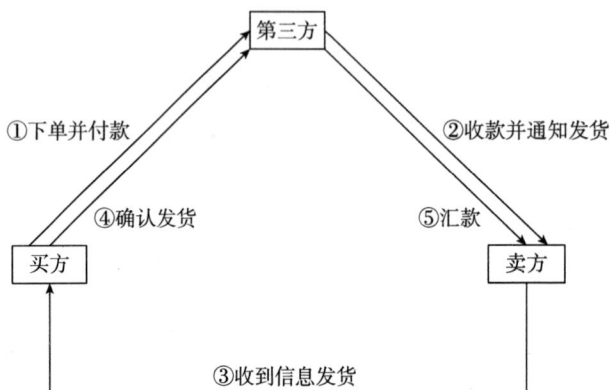

图4-4　中心化支付流程

资料来源：笔者自制。

　　传统跨境支付的收费昂贵主要是因为跨境支付体系存在的层级代理结构，分级代理的跨境评级标准远高于中国。区块链技术依靠分布式的点对点存储和传输，消除中间的层级代理，买卖双方可以直接进行操作。传统跨境支付的一个问题是多币种交易，实质上，客户账上的钱是数字，转账只是数字的加减。多币种支付实际上是汇率波动下的数字货币的计算和变化。假设能够创造出一种数字货币，且能被全世界认可，也就能解决这个复杂的问题。货币因为具有有价证券特性才会被认可，是必须有对等的实物支撑创造出的数字化货币。只有这样的货币才会被接受，也就不再用转换成其他的币种。此外，区块链技术还可以利用分布式共识算法和智能合约，建立一个可以在区块链系统内部使用交易的数字货币，来消除各个国家之间的汇率变化的问题，提升区块链系统的运行效率。具体应对思路如图4-5、图4-6所示。

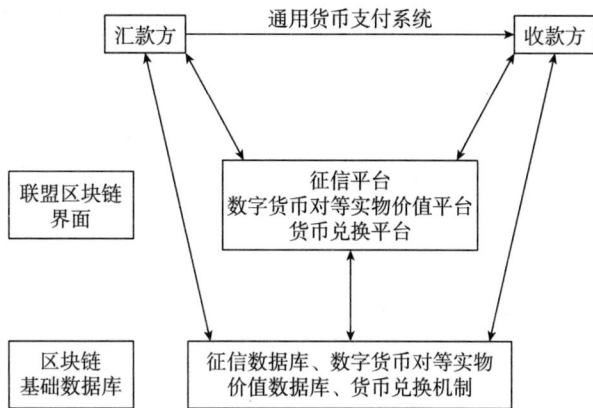

图4-5　基于区块链技术解决跨境支付问题思路

资料来源：笔者自制。

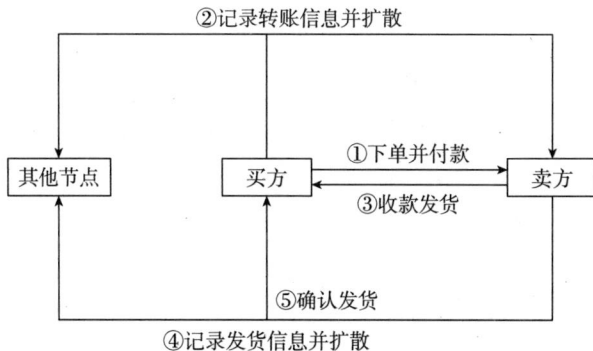

图4-6　去中心化支付流程

资料来源：笔者自制。

最简单的支付流程是，建立一个去中心化的简易新型交易的模型。买方确定需求、提交订单，然后付款，区块链就会储存转账信息，并且通过广播的形式将信息发布出去，区块链中所有的节点都会在第一时间收到这一交易信息的数据。卖方收下货款并且随之发货，同样信息被区块链储存，并通过广播的形式发布到区块链的每一节点，最终买方确认收货，交易完成。这样一个简化的去中心化的模型建立以后我们就能够知道，交易过程出现了本质的改变。由于每个人的区块链节点上都储存着一模一样的信息，即使有任意一个参与者的信息有所改变，原始的交易记录也不会因此受到影响，这些原始的信息都证明了交易程序的完成。支付流程的这些变化，一方面是因为传统的中心化模式改变，另一方面就是体现了区块链技术分布式的存储方式的优势，跨境交易程序通过多个节点的信息备份实现了信息的真实性以及可信性，这不仅让区块链中的数据由每一个参与者共同维护，同时也能够互相监督交易过程中的每一步行为。

账目记录信息在双方间分别进行是传统的跨境交易方式中的一个缺点，不仅消耗大量的时间成本和人力资源，而且存在相互间的矛盾，往往会降低结算效率。通过区块链技术的使用，链内储存着所有的交易清算记录，不仅做到了安全、透明、防止篡改，还具有追溯性，它大大提高了跨境支付的效率，此外，还可以通过智能合约实现跨境交易的自动结算，尤其是在跨境支付方案中能够显著降低成本和错误率。

点对点的组网模式、非加密技术、分布式共识算法和智能区块链技术合约，使区块链技术能够建立一个完整的跨境货物储运过程监控系统，对跨境产品的物流环节进行全过程控制，跨境支付不再需要银行与银行之间的层级代理结构，区块链技术解决跨境电子商务支付问题的核心是形成数字货币传统的国际支付，客户的支付账户只是一系列的数字，但是在国家之间的交易过程中，首先需要进行汇率的换算，国际汇率是实际变化的比率，如果一种货币能够在区块链系统中被跨境电商平台识别，很可能会解决很多问题，比如汇率、跨境支付的成本和效率，发送方向区块链系统发送支付申请有一个要求，发送方在区块链系统内选择跨境电子商务平台，使用区块链系统要求的标准和机制。区块链系统还将向跨境支付机构提供客户数据和信用数据。其次，区块链系统在收到委托付款后，通过内部货币机制将付款金额转换为等额电子货币，并向收款人支付该货币。受益人希望兑换的任何货币可随时兑换。最后，只有在区块链系统的技术支持下，支付系统才能正常运行。这项技术主要包括智能合约、分布式共识技术和非对称加密技术。

区块链技术可以让买卖双方直接交易而不通过第三方机构的介入，既在成本方面进行了优化，又提高了交易的速度，更重要的是对第三方机构的不利影响也被消除了。应用区块链技术构建一种全新的、更简单的交易模式，在买家提交订单并付款后，买家使用区块链技术存储信息，并以传输的形式传送，使区块链中的所有环节都能接收到交易信息，卖家在收到付款后会立即发送产品，区块链技术将交易信息存储并以同样的方式传输。买家收到消息后会确认产品是否会被接受，从区块链技术框架下的分散交易流程可以看出交易流程已经发生了实质性的变化。首先，参与区块链的账户存储的信息完全相同。只有一个参与者的信息发生了更改，这不会影响其他账户的原始信息。这种原始信息可以积极协商，一方面改变了传统的集中形式，另一方面区块链技术的分布式存储模式具有很大的技术优势，能够保证跨境交易过程中产生的所有信息的真实性和可信性。为了让区块链参与者能够相互监督对方的交易行为，将交易数据保存在一起。另外，在以往的跨境交易中，交易双方的账户是分开记录的，这不仅耗费了大量的人力资源和时间，而且在区块链技术中，所有的交易补偿记录都在系统中，不易修改，安全开放，可追溯。跨境支付的效率得到了显著提高，从而大大降低了区块链中跨境交易和自动补偿的成本。

区块链中点对点传输技术的应用，使跨境电子商务的直接交易成为可能，不仅可以提高交易效率，还可以降低交易成本。导致跨境支付成本高的原因之一就是层级代理结构，每个环节银行都要收取手续费，而且这些机构由于管理能力与技术的不足，还可能造成用户信息的泄露。分层代理的跨境支付系统导致传统跨境支付的高收费情况，通过采用分块技术、分块分发和逐点传输，可以成功地解决这一问题，无须中介机构授权和确认，允许运营中各部分之间的直接转移和交易，降低了安全风险和资金风险。区块链数据作为一种分布式记账技术，不仅公开透明，也不能篡改，这大大提高了支付程序的安全性。多币种交易也是传统跨境支付的主要诟病之一，客户账面上的钱事实上就是一串数字，从某种层面上说转账就是数字加减。基于此，可将多种币种支付理解为基于汇率变化进行数字计算。假设有一种数字货币得到全世界的认可，那么就能够有效解决该问题了。客观上说正是具有有价证券的特性，所以人们才普遍认可货币。同样的道理，必须有对等的实物支撑才能使数字化货币得到认可，无须再将数字化货币转化为其他币种。此外，区块链技术还可基于区块链系统的特点，基于智能合约与分布式共识算法，构建数字货币，通过此种方式可以有效地解决困扰各个国家汇率变化的问题，促进区块链系统的高效畅通运行。

区块链技术可以为跨境电子商务支付提供以下解决方案。

第一，在支付的原始阶段。一是运用智能合约这一区块链核心技术规定跨境电子商务支付各个参与主体的权利义务关系，例如，买卖双方可以在智能合约中写入合同条款，设定符合条件，如交易条款达到要求也就是可在未经过中间银行的情况下直接转入通用数字货币。①

---

① 刘聪贤. 浅谈区块链技术在跨境电子商务的应用 [J]. 科技资讯, 2018 (34): 241 - 242.

第二,通过区块链分布式账本中已上传并共享的个人数据信息,对汇款人的真实身份进行合规检查,将储存在其中的所有信息进行加密,并且自动与上层进行绑定,建立关联关系,可最大限度地防止篡改和伪造。

第三,在区块链系统上,因为流动性可以帮助供应者实现当地货币和外币的兑换。国际信用卡机构、SWIFT 等可信度较高的机构主导了区块链联盟的创建。以此为基础,货币兑换机制、信用数据库、客户账户数据库等在内的基本数据库已经建立区块链块交易货币的信用,不仅能够保证随时兑换的实现,利用构建数字货币对等实物价值信息库,避免货币贬值情况的发生,而且这也是保证数字货币应有价值的关键。

根据区块链逻辑规则构建相应的事务管理。在资金转移阶段,一是利用区块链技术将机构从第三方移除。实际进行买卖双方的直接交易,降低中间成本,改善成本结构,买家在跨境电商平台上提交订单并支付货款后,利用区块链技术实时存储交易的支付信息,然后以传输方式传送,使区块链系统中的所有节点都能接收到交易信息,卖家收到付款后会立即发货,区块链系统会及时存储并传输这些信息。二是通过区块链技术实现资金的实时转移,可以有效缩短跨境支付和补偿时间,更好地降低跨境交易的时间成本。三是监管部门作为交易参与者,同时,监管部门可能会通过区块链系统中预先建立的智能合约,首次收到反洗钱预警和提醒。

第四,提供资金的阶段。首先,当交易达到预定的标准时,区块链合约的智能功能可以自动消除跨境交易,使资金自动进入收款人账户,显著降低交易差错率;其次,在确认收款人的实际身份后,收款人可以提取上传及共享的个人信息,保证资金的安全支付。

第五,送货后的阶段。所有交易整理记录都储存在不变、公开、透明、可追踪的分布式记账中,协助主管管理当局完成调查程序,基于区块链技术的跨境电子商务支付流程解决方案与传统的跨境电子商务支付流程有本质区别：一是区块链是一种分布式记账技术，维护节点的完整信息，并在边界之间制定程序，有效地保证了数据信息的真实性和可靠性；区块链参与者互相监督，交易数据可以共同维护，有效地降低欺诈风险。二是区块链采用非对称加密算法对跨境支付过程进行加密和保护。三是通过区块链中合同的智能合约功能，实现跨境自动结算，只要跨境结算符合预定标准，系统无须征求双方意见即可自动工作，提高跨境结算效率。四是区块链时间戳技术可以理解跨境支付的可追溯性，让各国的监管机构可以随时查询和核实区块链上的公共信息，大大降低了跨境监管的费用。

以区块链技术为核心的跨境结算网络，消除第三方机构，买方和卖方可以直接进行交易。减少交易费用，这样交易不仅提高效率，也预防了第三方机构的影响。区块链技术允许买卖双方在没有中介人参与的跨境结算中直接交易，最大限度地保证了交易的可靠性，降低了跨境结算的费用，保证了交易的安全和可控。在区块链技术的跨境支付网络中，即使没有第三方也可以更改支付程序。买方和卖方直接联系在一起，处于交易链上的银行机构、外汇销售商、监管机构也聚集在一起。所有当事人都以区块节点的形式参与支付网络。在跨境结算中引入区块链技术，对中国金融业发展而言，跨境直接结算是一个里程碑，改变了原有的信用模式，降低了交易成本，对银行机构也产生了很大的影响。

三、区块链技术应对跨境物流问题

纵观我国跨境电子商务物流中存在的一些问题，不难发现，主要表现在运输效率低、专业能力不足、物流成本高、周期长等方面。在信息创新方面，区块链技术在分散性和安全性方面可能更多地涉及区块链技术在跨境电子商务物流中的应用①。我们之间的协调技术支持降低了跨境电子商务联系的复杂性，确保了物流信息的安全性和真实性，继续推动我国跨境电商物流的快速发展，要做到这三个方面：一是不断完善区块链监管机制。虽然区块链具有分散功能，但从技术角度来看，仍然需要引导和监管，政府相关部门需要建立法律监督体系，特别是区块链支付领域，更需要多个部门参与相关标准建设，建立法律法规体系，从技术体系上降低风险，局部防范隐患。二是通过多方主体完善跨境电子商务物流环节，加强区块链在跨境电子商务物流合作领域的协调。相关公司的协调机制将进一步推进，在此背景下，政府可以通过建立统一的物流服务标准，避免跨境电子商务物流服务的潜在摩擦。三是通过标准化体系建立多边合作机制，打破物流壁垒，拓展电子商务领域，特别是新兴市场。对此，政府需要继续加强市场监管，进而加大区块链技术的应用和发展。②

　　借助区块链技术，可以准确记录和应用跨境电商物流的信息流和运输信息流。通过构建跨境电商物流区块链平台，优化互联网运输和编程资源，提高跨境电商物流效率。首先，通过信息平台搭建跨境电商物流仓库数据库系统区块链，可以确保信息不可篡改并且非常透明。有很多数据库匹配程序，只要是交易主体和海关部门可以用物流信息搜索到共同管理和维持的数据信息，都可以实现。其次，借助人工智能和区块链，可以构建人工智能存储系统，结合大数据、智能物流技术，可提高物流效率。最后，在北斗卫星导航的帮助下为跨境电子商务物流运输及流通高精导航及进行定位服务和高度智能化的日程安排，并应当为他们提供解决方案。为了保证储存信息的不可篡改、安全性、准确性，还依赖于分布式记账技术。基于

---

　　①　姜旭男. 区块链在跨境电商中的应用研究［D］. 天津商业大学硕士学位论文，2020.

　　②　田仪顺，赵光辉，沈凌云. 区块链交通：以货运物流及其市场治理为例［J］. 中国流通经济，2018（2）：50-56.

此，以集装箱运输为例，如果区块链系统能对集装箱运输的提案提供合理的规划，而其里面所有的数据可以实时整理和优化从而使跨境电子商务物流的运输效率大大提高，进而缩短物流时间。

分布式技术的跨境电子商务物流链条和账户与非对称加密技术为块物流资产和商品赋予相同的属性，使一切都被记录，可以进行来源追踪和真伪确认，确保货物物流信息的安全性，同时区块链技术将确保以虚拟货币为媒介，将公司资金或物流资金安全、安全地投入跨境转账过程中，因为信息会在区块链分布式账本中进行不对称加密，以保证信息的真实性和可靠性。配送完成后，系统会自动生成带有数字时间戳的消费者，建立企业家和生产者之间的信任，区块链技术还可以对整个跨境电子商务物流过程进行评估和监管，确保信息的可追溯性，避免任意操作和排斥，还可以与多方共享，使数据信息更加透明，使跨境电子商务物流更加安全可靠。

由于区块链技术的多节点特征，所有交易信息都会按照时间戳技术有序记录，并利用智能合约算法积极优化商品的运输路径。交易信息不变、真实、可信，保证了跨境物流流程的可视化管理，并为管理机构提供了有用的数据，供企业决策使用。

目前在国际物流遇到的问题是流通速度慢，不确定性强，物流费用高，跨境配送的商品受到限制，很难进行国家之间商品退货和交换，商品的损失率高，不能对国家间物流全过程进行追踪等。目前，中国跨境电子商务使用的跨境物流方式主要有邮政包裹、商业快递、专线物流和海外仓储四种。邮政包裹的优点是清关和投递方便，但发送速度缓慢，货物损失率高，无法提高跨境物流的效率。商业快递的优点是运输速度快、货物损失率低、货物信息跟踪完整等，对实现跨境物流的高效率和产品信息流的可查性非常重要。而商业快递并没有贯穿跨境物流的所有环节，例如，海关无法追踪到跨境货物的信息。专线物流的特点是货物的发货时间基本不变，对运输时间的把握更加准确。在海外仓方式中，国内销售商首先将商品保管在外国已经准备好的仓库里。订货后，海外仓库可以像接收国内订单一样进行产品的分类、包装、配送。而海外仓储方式只适用于大型平台的卖家，投资费用高，对卖家正确的市场期望值要求也很高。否则很容易造成库存积压，甚至造成巨大损失。但是，这四种物流方式没有解决跨境物流成本高、运输时间长、货物损坏追责难、物流信息全面共享的问题。因此，加强跨境物流的信息化建设、实现跨境物流的全程追踪、解决物流运输程序中的信息不对称问题，是我国跨境电子商务亟待解决的一大问题。各个主体间的物流信息系统需要互联互通，构建完整的跨境电子商务信息链，使信息不对称问题得以解决。"互联网＋物流"的信息系统建设是跨境物流的发展方向，需要互联网技术优化跨境物流的信息共享建设。

区块链技术可以解决国际物流运输成本高、时间长的问题，但货物受损时难以确定责任，跨境物流体系是由国内物流、海关、检验申请机构、国际物流等主体组成，与区块链技术多节点参与的特点高度一致，交易信息能够通过区块链技术记录整个过程，可以对整个国际物流过程进行监控，解决物流运输过程中的信息不对称问题，区块链技术也从以下四个方面推动跨境物流的发展：

第一，可以利用区块链技术提高通关效率，减少手工验证的必要性。区块链技术可以方便跨境物流提前处理物品到达前、快速通关时所需数据，并可以实时分享。报关文件将通过该系统提交，自动对智能合约按照事先确定的选定标准进行分析、评价，符合标准的产品将自动贴上标签。

第二，提高国际物流的效率和数据的准确性。智能合约可以根据法律和监管要求进行编程，实现自动的支付关税，当货物到达进口商的海关时自动处理付款。只有在区块链不被更改的情况下，才可以方便地跟踪和检查交易是否有问题。使用区块链技术进行税率登记，可以提高交易数据的准确性。

第三，区块链技术能够解决跨境物流的责任问题。区块链具有真实性、可靠性和不变性的特征，并且可以提供参与到区块链中的多方访问权。它可以用于跨境物流产品跟踪，还可以实时查询包含在区块链中的物品物流，参与者的责任得到了有效和公正的验证。跨境物流信息数据存储在多个主体中，数据不可能被修改，单个节点的数据修改不受影响，因而会写入区块链并加盖时间戳。在区块链系统中，区块链系统的所有参与者共同维护账本的数据积累，这只能根据既定规则和共识进行严格修改。

第四，区块链技术也会用于建立跨境物流的基本数据库。制造商的配送、国内物流、通关、物品检验、海外配送等所有跨越国境的物流信息都会记录在区块链系统中。区块链系统使上述的跨境物流信息无法被伪造，从而使消费者查询的跨境物流信息能够实时准确。消费者可通过跨境电商平台向系统发送请求，查询跨境产品的相关信息，从而使消费者能够迅速获得已输入跨境物流基础数据库中的跨境物流信息。例如，消费者通过实时配送信息发现商品订购不符合条件时，便可以国际物流公司直接沟通，中断跨境物流，将问题及时控制。因此，提高了跨境物流的效率，节省了跨境之间的运输时间物流成本。另外，海关还可以通过货物的原产地信息，确定通过国境的货物是否满足条件。

如今，尽管区块链技术应用最多的是金融领域，但由于区块链具有普遍的分布式记账和可追溯性，也可以应用于物流领域。事实上，跨境物流系统是一个由多个参与者组成的利益共同体，这也非常符合区块链技术中多节点参与的特点。由于全程记录交易主体的交易信息，可以优化货物的物流运输路径、仓储操作和可追溯性，帮助解决物流成本高的问题。同时，运输时间长，造成货物损坏的责任难以确认。基于区块链技术的跨境物流解决方案如图 4 - 7 所示。

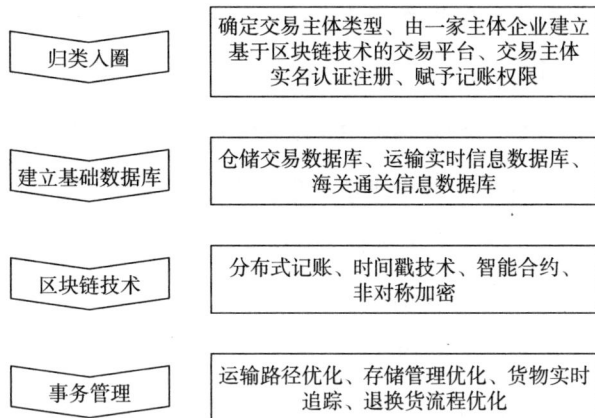

归类入圈	确定交易主体类型、由一家主体企业建立基于区块链技术的交易平台、交易主体实名认证注册、赋予记账权限
建立基础数据库	仓储交易数据库、运输实时信息数据库、海关通关信息数据库
区块链技术	分布式记账、时间戳技术、智能合约、非对称加密
事务管理	运输路径优化、存储管理优化、货物实时追踪、退换货流程优化

图 4 - 7　基于区块链技术解决跨境物流问题步骤

资料来源：笔者自制。

（1）归类入圈。首先，界定跨境物流涉及的交易主体类型。跨境物流的交易主体包括交易双方、网络商人、国际物流企业（海外仓储和航运公司）、政府监管部门。其次，主要企业带头围圈。为了提高现有平台的信赖度和说服力，提议政府或大型网络企业走在前面。最后，将交易主体注册，并进行实名认证，同时获得交易机构（公钥和私钥）。海关等政府部门与大型互联网平台以合作形式进入圈，并设立交易权限（会计范围限定在互联网平台上注册的交易主体）。

（2）建立基础数据库。大型互联网平台将收集、验证的客户信息数字化，并上传到区块链系统上，实现区块链上的交易信息共享。同时，交易主体被授予账户权，交易全面按照区块链技术规则进行。在跨境物流中，仓储交易数据库、商品运输流通实时信息数据库和报关信息数据库尤为重要。例如，顾客通过实时流通商品订货条件不符合判断时，与国际物流公司直接沟通，要求改正或者事前控制，要求对方停止运营问题的目的，只有这样，才可以避免逆向物流和假商品。海关还可以通过真假货物原产地来控制虚假越境行为。

（3）基于区块链逻辑规则的事务管理，所有交易信息都会按照时间戳技术有序记录，并利用智能合约算法积极优化商品的运输路径。交易信息不变、真实、可信，保证了跨境物流流程的可视化管理，并为管理机构提供了有用的数据，供企业决策使用。

区块链技术在跨境电商物流中的应用主要基于分布式存储、智能合约和去中心化等特性，通过不变的信息和可追溯性功能解决跨境电商物流发展中的问题，具体支持方案如图 4 - 8 所示。在实时数据库中，关于货物运输或配送的信息和海关报表信息数据库中的信息尤为重要。例如，如果客户认为货物的实时流通不符合条件，可直接与国际物流公司沟通，要求纠正或停止发货，以便问题得到提前控制。只有这样，才能避免或减少虚假物流和假货出现，海关也才可以通过真假产品源头控制跨境造假；其次，利用区块链系统共享的特点，建立信息共享数据库跨境电子商务行业及相关行业是为了提高跨境物流业的服务质量和运营效率。随着互联网技术的发展，社会经济发展正进入数字资产时代，数字信息已经成为推动产业发展的重要因素之一，因此，建立数据共享系统对于跨境电子商务和跨境物流业具有重要意义。跨境物流信息共享还可以减少和控制假货数量，也就是说，当消费者和监管部门最终发现假货时，也可以通过数据共享确认假货来源。物流区块体系的建立和实际应用区块链体系的建设需要强大的技术力量。建议要与互联网公司合作，解决跨境物流区块系统建设的技术难题，同时在实际应用方面，区块链系统提供多种时间戳，有序记录交易数据，利用共识算法优化传输路径，并可采用非对称加密和智能合约评估进行改进。另外，通过区块链技术的优势，为企业决策提供帮助。

目前跨境物流流通缓慢，国境间国界的物流费用高，跨越国境配送的物品限制更多，对跨境物流的意想不到的因素很多。如：配送过程中物品的损失、无法对跨境物流全程跟踪等。因此，许多跨境邮件迫切需要提高跨境物流的信息化水平，逐步实现跨境物流全程跟踪，实现物流配送过程中的信息对称。区块链技术在跨境物流过程中的应用，可以轻松解决高成本问题。跨境物流体系是由企业家、海关检验检疫机构、国内第三方物流、第三方物流、国外物流、国际物流等利益主体组成的利益组合。企业家等众多利益相关者，他们完全符合区块链技术多环节参与的特点，如果区块链技术能够从整个过程中记录交易信息，那么整个跨境物流过程就可以追溯，而物流配送过程中的信息将是对称的。区块链技术还可以从以下三个方面促进跨境物流的发展：一是区块链技术可以解决跨境物流的可追溯性和关键性问题，区块链技术具有高可靠性、不可篡改和实用性强的特点。给区块链中各参与主体设置访问权限，通过跨境物流物品的跟踪，使得物品能够得到及时查询。二是区块链技术可以大幅提高报关效率，最大程度降低手动检验。区块链技术可以轻松实现跨境物流的预处理，即货物到达前的处理、快速通关处理，并将所需数据记录在总账中，实现实时共享。报关程序可提交系统审核，根据智能合约预设标准自动分析报关单证，快速提供评估结果。所有符合标准的项目将被自动识别。三是区块链技术可以大大提高跨境物流的效率和数据的准确性。根据相关法律法规的要求，可以准备智能合约自动降低关税。只要所有的信息都写在区块链中并密封，所有的数据才不会被修改，这是因为数据存储在每个主体中，修改一个环节上的数据是没有影响的。

如上所述，目前我国跨境电子商务物流运输存在着成本高、产品易损坏、责任难以确定等问题。因此，要大力提高我国跨境电商物流系统的电脑化水平，逐步实现跨境电商物流全程实时跟踪。区块链技术具有分布式核算、可追溯性、共识机制和智能合约等特点，将其应用到跨境电子商务物流中，构建可靠高效的信任机制，可以有效解决传统电子商务物流的痛点。同时区块链系统是一个庞大的数据库，它的合理开发和应用，可以优化跨境电商物流的运输路径和仓储环境，实现对跨境电商物流的全程跟踪和追溯。为解决传统跨境电商物流成本高、周期长的问题，基于区块链技术解决物流跨境电商问题，具体流程有以下三个方面。

（1）循环分类。作为一个多主题的利益共同体，电子商务跨境物流体系主要包括跨境电商公司、跨境物流公司、互联网公司、政府监管机构等交易主体。在多个交易主体的参与下，一个主体（政府主管部门或大型跨境电子商务公司）牵头建设，多个区块链技术节点参与，有利于提高平台的可信度和说服力。之后，各交易主体以实名制在圈内进行交易登记和认证，获取交易权限（公钥和私钥），政府监管部门和跨境电子商务平台不直接参与平台的运营，但他们是以合作的形式参与圈内，并建立商业主管部门（会计核算范围仅限于在互联网平台上注册的商业主体），以提供必要的技术支持，同时也监督平台的运行。

（2）建立区块链基础数据库，包括存储操作数据库、实时运输信息数据库和通关信息数据库。数据信息已经成为推动产业发展的关键因素之一，例如，当公司要求消费者提前进行逆向物流调查或谈判时，也可能会阻止消费者进行逆向物流信息调查或谈判。建立跨境电子商务参与者和跨境物流链共享数据库，不仅可以提高跨境电子商务物流的运营效率，还可以通过区块链技术创建分散的基础数据库，并通过向跨境电商行业提供数据主体，为交易主体配备会计权限。对所有跨境物流运输信息环节进行数字化，并及时发送至系统。数据的真实性和完整性使得商品信息的可追溯性更加有效，不同的交易主体通过跨境物流运输程序的数据录入，将交易信息数据加载到区块链数据库中。利用时间戳技术、分布式记账技术和非对称加密技术对交易信息数据进行分类加密，使跨境电子商务链中的所有交易主体能够实时共享信息，这不仅有助于提高交易信息的透明度，也有助于保证交易信息的真实性。

（3）区块链逻辑规则下的交易管理。首先，为跨境电子商务物流运输中的交易主体提供相应的交易权限，利用区块链技术及时监控和查询跨境物流货物，能够有效地承担起自己的责任，有效地提高我国跨境物流电子商务服务的质量。其次，可以将相关法律法规的具体要求编程为智能合约。最后，海关可以根据预先定义好的智能合约自动分析智能合约，快速给出评估结果，并自动验税和扣税，从而大大提高跨境电子商务物流的通关效率。区块链条例根据时间戳技术记录所有交易信息，此交易信息不可篡改，真实可靠。各交易主体可以利用智能合约算法对货物运输路线进行优化，以有效降低我国电子商务跨境物流运输的成本。

区块链作为一种分布式记账技术，使对物流运输程序进行实时监控变为可能，也使货对物发生问题时的追责变得更容易。由于区块链的每个节点都有记账权限，所以货物运输中的每个主体都可以将物流信息记录到区块链上，这样就实时记录了货物从发货到收货这一整个程序，也实现了物流信息的共享与公开透明。在货物出现损坏或丢失问题时，管理机构就可以根据这些信息，进行责任认定。对于客户而言，也可以查看货物的配送信息，当发现货物与订单的要求不符合时，就可以与物流公司及时地进行沟通，要求整改或是退货，这将大大减少逆向物流的成本。整个物流领域都可采用分布式记账与可追溯的区块链。跨境物流系统在本质上是一个利益共同体，其中，包含多个参与方。区块链技术具有适于多个节点参与的特性，因为全程记录交易主体的交易信息，有利于优化物流运输路径，可以进行追踪和溯源仓储作业及产品，从而缩短运输时间、节省物流成本，有效解决传统出现货物受损难以认定责任的情况。

首先，跨进物流涉及国际物流企业、互联网商家、交易双方等交易主体。一般情况下跨境物流是由其中一家主体牵头构建而成的。其次，基于这一特性应该充分发挥大型互联网、政府的牵头作用，提升平台说明力与公信力。最后，交易主体通过注册，并以实名的方式进行认证入圈，并获取公钥、私钥等交易权限。大型互联网平台以及海关等政府部门以合作的方式入圈，并建立交易权限。在此基础上构建区块链数据库，大型互联网数字化平台已经将验证过的客户信息向区块链系统上传，并共享交易信息。交易主体具有记账权限，其交易规则以区块链技术为基准。在跨境物流中有很多重要的数据库，例如，海关通关信息、实时配送货物信息、仓储交易数据库等。如，配送实时信息能够让客户发现订单要求是否得到满足，如果不符合要求可与国际物流公司进行直接沟通，并要求其停运、整改，以实现从源头上解决问题，能够有效地避免出现假货、逆向物流的情况。对于海关而言，只要基于货物来源，就能够判断是否存在虚假跨境。以区块链逻辑规则为依据管理交易事务，在交易信息记录方面可采用时间戳技术。针对货物运输路线，则可使用智能合约算法进行优化。真实可靠且不会被篡改的交易信息，是实现可视化管理跨境物流的关键所在，其所涉及的数据可作为企业决策的依据。

中国是世界第一出口大国，拥有完善的工农业基础。然而，目前我国国际物流的发展与国际贸易大国的地位还不相衬，主要表现在国际物流基础设施落后、跨境人才短缺、没有有影响力的环球物流公司等。区块链技术去中心化和分布式储存信息的特性使得跨境物流中的数据可以永久保存，恰好可以解决跨境物流运输的可追溯性问题。通过高效安全的操作系统，将整个区域连接到数据存储，而国际物流的全局优化可以解决最合适的路径，发现国际物流的高成本、慢动作问题。"互联网＋"时代，利用区块链技术将所有的数据分散存储在各个区块上，可以保存任何物流和仓库数据并与我们共享。物流跟踪可以保证跟踪的准确性，也可以建立跨境物流产业的大集团，扩大跨境区块的覆盖范围，在更大程度上建立广泛的区块数据，增加可追溯性，提高回溯的准确性。

四、区块链技术应对跨境产品质量溯源问题

区块链技术在产品质量控制方面的应用主要体现在溯源功能和信息的实时性上，可以起到产品有错可查、有错必究、预防为主、纠错为辅等作用，以此来应对跨境溯源问题。① 区块链技术的可追踪性是指在同一区块链上的所有交易当事人在此日期之前都可以被追踪到任何交易记录。它可以应用于跨境跟踪，消费者和海关应当追踪掌握跨境货物的有关信息，并辨别真伪。随着距离来源越来越近，为防止问题逐渐积累，导致退货等问题的发生，需要详细的交易记录。跨境跟踪的目的是建立数据查询数据库，实现跨境产品跟踪，将区块链技术应用到商品来源记录中，确保跨境产品的真实性。

近来，各行各业都在寻求可帮助企业迅速发现有问题的产品并恢复消费者对其产品的信心的技术，尤其是食品公司。要想用区块链技术解决国境间的追踪问题，需要从源头开始进行详细记录，避免问题层层累积。所有细节上都应该配备区块链技术，利用区块链技术可以防止产品信息的伪造和篡改，同时以更安全的方法实时跟踪和更新跨越国境的产品信息。基于这一点，区块链技术可以为客户建立一个查询跨境商品信息的数据库。在这个基本数据库中可以从源头上查询跨境商品信息。②

① 姜旭男. 区块链在跨境电商中的应用研究［D］. 天津商业大学硕士学位论文，2020.
② 刘敏慧，蒋小良. C2C 模式跨境电商商品的质量溯源体系建设［J］. 质量与认证，2018 (6)：63－64.

近年来电子商务产品跨境质量问题不断蔓延，是由于跨境平台缺乏相应的监管和处罚措施。例如，跨境产品溯源问题难以把握，不清楚是产品源头问题还是运输过程中出现的纰漏。同时国家之间的法律冲突导致监管部门很难采取相应的处罚措施。要利用区块链技术的不可篡改性和交易后时间戳的特性，掌握整个交易过程中交易的动态，以及整个交易过程中每个环节的信息，包括是否与当时产品的特性一致，是否与上次记录的信息一致，而且在法律法规建立后，监管制度应该是明确和完善的。比如，当一个国家或地区出现产品质量问题时，应借鉴一个地区的法规政策或一个国家的法律法规，建议主要主管部门（制造公司或货运检验服务机构）建立公共区块链，交易中的相关人员应通过登记取得记账权。当事人可以是供应链中的任何一个贸易商，但供应商和制造商的账本信息必须更加完整。按照区块链的逻辑规则进行操作，客户和海关可以建立一个搜索货源信息的平台，对跨境货物进行鉴别，确保优质货物的出境安全。所有参与区块链信息系统的公司还需要通过实名认证获得参与评级，以供消费者和公众监督。

由于产品信息质量的跨境跟踪系统存在不足，导致了跨境电子商务中产品质量问题激增。因此，为保证进出口产品的安全性和可靠性，有必要建立进出口产品的信息跟踪管理系统。要存储和处理如此大量的信息和数据，需要强大的数据库支援来实现信息的可跟踪性。而这种数据库的制作需要依赖于区块链技术，如图4-8所示。

从图4-8可知，利用区块链技术，结合物联网的应用，把出口产品的生产商、运输部门及海关通关等信息输入数据库，包括原材料、生产日期、运输条件、通关口岸、通关时间、产品质量的抽检结果等。不仅如此，在跨境电商产品交易流程及物流信息中，相关信息如区块、电商平台、生产企业、运输企业等可以通过产品信息节点位置上的其他信息进行追踪，这有助于市场监督部门利用数据库解决出口产品信息跟踪管理问题。基础数据库的建立不仅为全体参与者提供信息服务，还可以完善跨境电子商务产品质量追溯网络信息，避免大量的数据收集，建立跨境电子商务业务，不仅节省费用，还可以追踪产品，使其质量显著提高。

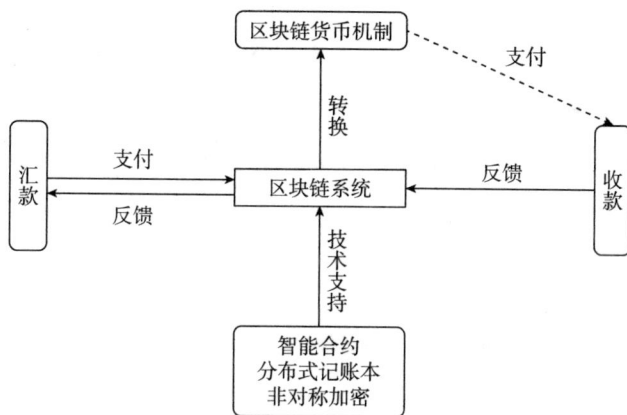

图4-8　区块链技术在跨境支付中的应用方案

资料来源：笔者自制。

　　跨境电子商务产品质量问题的泛滥是因为没有建立健全产品溯源机制来增强消费者的信任度。产品只有被正确标识之后，才有可能顺利实现溯源功能。区块链技术可以全面记录跨境交易的所有信息且确保这些信息无法被篡改，进而保障产品信息的真实性。商品信息本质上是一种压缩的电子文档。通过基于区块链技术的跨境电子商务产品信息追溯系统，消费者需要查看电子产品标签，了解该跨境商品的所有交易信息，为了有效保护消费者的知情权，基于区块链技术的电子产品标签模型如图4-9所示。

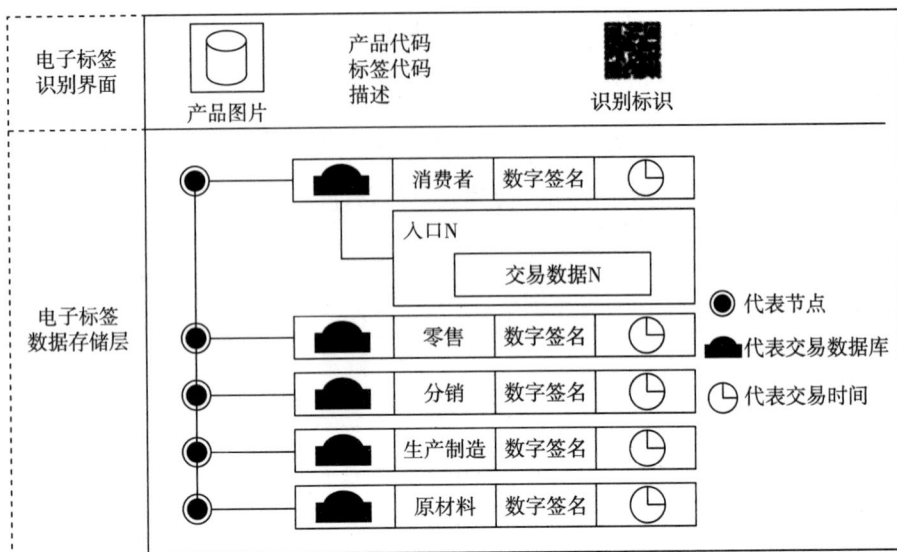

图 4 - 9　基于区块链技术的产品电子标签模板

资料来源：王晓敏. 基于区块链技术的跨境电商发展策略研究［J］. 新乡学院学报，2021，38（1）.

首先，将跨境电子商务平台或者商检局作为主导机构，建立公有的区块链，与其相关的供应商、制造商、跨境电子商务平台等交易主体通过实名注册获得区块链记账权限。然后，建立区块链溯源相关的基本数据库，主要包括供应商、制造商、经销商、零售商等交易参与者的所有交易及产品的真实信息数据库等。在进行甄别货物时，客户和海关可以在商品源头信息查询平台进行，例如图 4 - 9 的公共区块链界面。

其次，由于在数据处理方面，跨境电子商务平台有较强的能力，其本身的优势就是可以很容易地获得上游供应商和下游消费者所有数据。因此，可以利用此优势来创建上文所提出的具有比较完善数据的跨境溯源基础数据库。跨境电子商务平台能够做的是把产品的生产企业（加工企业）、运输企业、监管机构（海关等）、消费者、跨境电子商务的参与者都统统放进区块链节点，使其参与跨境交易的人全部转变为区块链系统的参与者，将交易过程中所涉及的一切信息与数据归入区块链系统中。区块链系统的特点可以确保以上所存储的信息在跨境电子商务平台中没有办法被篡改，使消费者能够查询到的信息是可靠且真实的。如果消费者有需要，可以直接通过跨境电子商务平台向区块链系统发送请求来查看跨境产品的相关信息，能够以非常快的速度将跨境溯源基础数据库中的产品信息输入，并且做好系统日常维护工作。

最后，跨境电子商务中的盗版也因为区块链技术受到了打击，主要是由于区块链技术具备了不可随意更改以及高度的透明的特性，能够十分容易地识别产品或者商品的来源。目前，许多新建的公司正着力研究怎样能够跟踪和识别包括药品、奢侈品、时尚行业产品、电子产品等在内的跨境商品，使消费者能够真正地获得优质的产品。①

① 王剑峰，赵文宏，高若涵，曹俊伟．区块链技术在跨境电子商务中的应用研究［J］．理论研究，2020（8）：11－12.

第五章 基于区块链技术的我国跨境电子商务的案例分析

第一节 阿里巴巴天猫国际平台案例分析

一、阿里巴巴天猫国际平台

阿里巴巴集团是跨境电子商务行业的典型代表，引领着中国电商企业的不断改革创新。在全球经济一体化的趋势下，海外的特色品牌纷纷开拓我国贸易市场，阿里巴巴作为较早应用区块链技术的互联网公司，抓住机遇，适时地推出了天猫国际平台。国外的品牌纷纷入驻天猫国际从而首次出现在中国市场，并且加入天猫国际之后迅速爆红，被中国消费者接受。截至 2017 年底，阿里巴巴总年营业收入达到 2269 亿元，年净盈利可达646.12 亿元。截至 2018 年底，阿里集团旗下的中国天猫国际平台上的国外品牌数量同比增长 122%，阿里集团的天猫国际化战略已涉及全球上百个国家和地区的 18000 多个国际品牌，更便于提高阿里集团的资金流量，吸引境外消费资金回流。有一项相关统计资料表明，2018 年入驻天猫国际的中国国际品牌 gmv（成交额）同比上年增长 119%，是跨境进口 gmv 同比上年增长的 3 倍。2019 年 1 月 1 日，随着跨境电子商务新政策的颁发，跨境清单的商品种类新增加了 63 个，囊括较为热门的各个行业。这意味着允许通过跨境电子商务将更多的商品和品牌引入，并且阿里集团旗下的天猫国际产品数量扩大 100 万将不期而至，同时也表明了天猫国际的进口规模将突破百万，这对我国跨境电子商务行业是一个重大突破。

天猫网上国际商城作为其旗下跨境进口电子政务商品进口贸易服务平台，不仅大幅度增加了其跨境进口商品规模，近几年还在不断创新探索着并尝试诸如使用电子区块链等新技术应用来重新构建进口产品的溯源。阿里巴巴旗下的阿里云不断努力并着手积极推动阿里区块链相关技术的基础研究和应用开发，首次将其广泛应用于奢侈产品物流服务平台上的奢侈产品原料回收与质量溯源，将其关于产品设计制造和生产使用的全过程及其中的各个环节的基本信息都记录下来一并存储到了阿里区块链中，并随后为其附上特有的"身份证"、数字卡等标识物的签名和使用时间复印戳。在 2018 年的"双十一"中，在公司原有的通用区块链溯源技术基础上，首次尝试采取采用 iot 块链技术，对该公司产品的订单货源地址等信息数据进行了实时溯源，进一步提高了该公司产品发货信息的溯源准确性。当前，区块链进口技术的广泛应用不断得到发展和完善，天猫物流国际已经成功建立了一套完整的全方位链路可追溯的进口物流服务管理信息系统，为天猫跨境贸易进口物流商品客户量身定做了为产品设计和加工制造专门的"签证"，实现了在天猫跨境进口贸易的整个物流环节中对天猫物流进口服务商的人员信息进行物流信息实时跟踪和自动记录，进一步增强了物流信息的技术质量和服务可追溯性，增强了天猫跨境贸易进口物流商品的服务正品性和质量安全保证。①

二、区块链技术在阿里巴巴天猫国际平台上的应用

跨境电子商务平台上的商品生产地与消费者所在地之间距离比较远且中间环节繁杂，在传统模式下的消费者不能直接获取到跨境商品的具体生产、物流资料，因此也就无法确保他们对跨境商品的满意度。为了有效地解决出口产品的品质困难，阿里巴巴天猫国际把区块链技术广泛地应用于跨境物流的业务中，区块链系统能够实现对全部从中国进口货物的交易情况进行实时追踪，其能够向客户提供所有环节的准确性和详细资料，包括从海外市场上获取的原产地、运输方式、途径港口、海关申请报告以及经过第三方审批验证并与客户建立相关产品溯源系统。

由于天猫国际直营店主要采用来自本地的直接采购方式，因此该商品主要是直接通过厂家采购或运输至海关然后配送至国内。天猫国际的海外跨境商品质量跟踪溯源系统被细分为各个环节，即包括生产者的品质、海外商品的性能和国际物流以及进出口的申报。通过将国外的跨境货物商品细分为国外的生产、国外运输和国内货物的运输三个组成部分，并对每个组成部分进行细分至具体环节，对其中的生产、装运、质检、入关、出库等环节所需要涉及的相关资料进行实时记录并放置在区块链中。这一溯源系统对各个环节的数据进行了细分，确保所有的信息全部被记录在区块链中，在追踪到产品的质量问题时能够迅速准确地找到问题存在的环节及其责任的相关方，为产品的售后服务提供了高效的

---

① 刘雪纯，郑亚琴．区块链技术在跨境进口电商中的应用研究——以天猫国际为例 [J]．武汉商学院学报，2019（4）：27－29．

信息查询途径。基于区块链技术的跨境进口商品跟踪溯源系统有利于整个产业链中各参与者之间的信息资源共享，使其信息的公开、透明化、责任制度更加健全。

三、阿里巴巴天猫国际平台区块链技术的应用效果

（一）真实性

天猫国际公司所建立的中国跨境商品追溯体系主要涵盖海外和国内两个组成部分，包括生产厂家和品牌方、海外仓、国内保税仓、消费者等环节，实现了全程跟踪。此外，国内外的第三方质检机构对抽样检测工作进行全程的监控，并且都是由专门人员出具检查和审核结果的验证单。每一个环节的所有相关信息将会通过大量的数据、文档或者视频等多种方式被传输到区块链中对用户进行加密，被用户添加后的信息将具有完全不可篡改和公开透明的属性，作为用户可查询的依据，证明了该产品质量的安全和可靠。消费者在接受商品的交易过程中，通过手机扫描二维码并再次输入特定的验证码就能够清楚地看到所购买产品的原厂家、入境报关单编号和出口商品的入境报关期限等每个环节的准确情况，保证所购买的产品都是真实的。同时基于区块链技术而建立的产品追溯体系就是一个网络化的点对点、分布式信息记录系统，加强了由第三方科学研究所组织的产品溯源机制。跨境商品的产品质量需要经过严格的质量审核来给予保障，所以第三方科学技术部门的质量考核就是其质量可追溯的重要基础。天猫国际已通过与其所在地政府、中国检验认证（集团）股份有限公司和其他生产厂家或者企业之间的第三方审核和检测机构进行了合作，为其产品开发者提供了溯源性的检测验证和产品质量监督管理服务。溯源制度体系是否合理有效主要取决于第三方检查机构所提供的检测数据及其结果是否具备客观性，因此，需要进一步加

强第三方科学技术部门的质量考核检测工作力度，完善其检测标准，以增强其产品资料及信息的真实性。此外，强化对第三方科技机构检查结果中的事中控制和事后跟踪责任，进一步提高了我国出口商品的质量保障。

阿里巴巴旗下天猫跨境国际进口平台成功利用全球区块链交易技术成功地解决了我国阿里巴巴旗下天猫跨境国际进口电子产品商务平台中的"假货"消费痛点问题，在我国跨境进口电子产品商务中，最大的消费痛点之一自然就是"假货"，跨境进口电子产品商务中进口企业的相关产品品质如何以及能够长期得到有效的质量保障已经是近年来很多领域人们最为高度重视的一个热点问题，而且通过区块链交易技术的广泛应用，可以有效地解决当前境内国际市场跨境商品电子商务交易领域的"假货"交易痛点问题。区块链金融技术主要是传统的企业去中心化安全信任管理机制，具有区别于其他金融技术所可能需要的强大信息保密性和完全无法被他人随意篡改的超高安全性，这便使实现区块链在中国电商金融行业发展中的追根溯源不再那么困难。而且基于区块链的新技术应用可以帮助企业能够在最短的时间内从现有区块链中实时获取和得到最多的技术数据和最丰富的技术资源，实现对现有区块链技术资源的有效合理整合和协调合理配置，带来更大的社会经济应用价值和更多社会文化价值。2019 年我国开展跨境服务贸易和开展电子国际商务中首先成功应用了一种区块链应用技术，便是将其广泛地成功应用于整个中国全球物流供应链系统的各个环节，诸如物流企业面向用户的物流线上、线下的物流消费、商品线的采购，工厂的产品生产安全程序、检测站的安全检疫、供应商的企业资质、物流车的搬运以及物流配送等，让每个关键环节都可以真正做到所有"链"都安全，可以被检查。

（二）可追溯性

由于国内一些外贸企业对进口知识智财产权的保护意识淡薄，跨境商家电子国际商务平台上的假冒伪劣进口货物已经开始泛滥。在一个产品的信息溯源管理系统中，区块链溯源技术的研究重点是为了能够实现对产品信息的准确真实可溯性，因此，只有使一个产品系统中的所有信息都能够得以正确地进行识别，才可以有效地正确实现对一个产品的溯源。产品从一个原材料生产起步到大批量生产、包装及产品运输的各个环节中的资讯都应该是在经过许多次的授权方案并进行整个数据库的签名后，按时间先后被记录下来并放置在整个区块链中。在一个软件产品的信息流转交易环节处理完成后，录入了产品区块链中的所有相关产品信息资讯，这样就形成了一个完整的产品区块链。如果我们输入中国区块链的产品信息能够被中国海关、消费者等准确地进行识别则就必然需要具备一个有利于用户获取其产品信息的电子数据处理来源，这就要求把输入区块链的所有产品相关信息数据进行整理压缩后才能形成一个大的电子信息文档，通过智能手机或者移动端进行扫描这种方式就能得到全部的产品信息。天猫优发国际把商品信息直接展示制作为一个商品电子标签，即商品溯源标签代码自然地直接粘贴在每件品牌商品上面，消费者只要通过手机扫描每件商品的电子标签，该品牌商品的主要交易经营环节的相关信息便自然地显示出来，既提高了广大消费者通过查询商品相关信息的分析精度，也增强了对该品牌产品的服务质量和安全保障。

跨境进口电子商务交易产品来源可以追溯到境外的进口生产厂家和进口供货商、国际进口物流供应商、海关、电子服务交易平台、国内进口物流商等，其交易环节种类较多且交易过程繁琐。由于我国对于信息溯源系统的管理有效性未达到能够完全制定一个统一的质量标准，因此我国现有的信息溯源管理系统并不健全，还无法真正做到对所有人都可以有效地进行各类信息问题解决和实时追溯。我国相关的环保政府部门应加强环境追源管理体系的安全标准化工程建设，提出清晰的技术要求与质量指标。从电子产品的安全真实性、信息的安全可靠性和交易记录的安全可靠与搜集等方面都非常需要企业有较针对性地将其搭建结合起来，鼓励搭建跨境贸易电子产品商务平台充分运用国际区块链这种新兴的信息技术，将大量的产品数据以及信息经过加密后进行上链，实现上下游电子产业以及整个供应链上各个运营主体之间的大量信息数据以及信息技术资源相互共享，进而确保所有的电子产品服务信息在其全部的过程中也可以实时追溯、实时查询。溯源服务体系的安全高效性一直是其提升跨境产业进口产品零售电商服务体系质量的重要保障，中国标准化研究院公司建议作为专门机构负责企业跨境进口产品的质量追溯服务领域体系建设的研究机构，应该针对各个企业跨境产品进口零售电商服务平台所搭建的产品溯源服务体系情况进行相关标准化质量测评。构建一套保障我国跨境服务商品进口品质安全的国际标准质量数据库，为从事跨境商品进口以及电商贸易服务行业的跨境商品进口品质安全质量保证管理工作者提供一套标准化的品质衡量评价指标与问题解决办法。

（三）技术性

区块链是以时间为顺序对所有利用密码科学技术进行加密的。数据信息按时间顺序进行区块连接的一种分布式记账技术，数据信息在所有参与者和节点之间进行传输并共享。区块链技术的可跟踪性是指通过区块链网络中的所有交易记录都能够被查询并且存储在该区块内。区块链系统通过采用时间戳技术来帮助区块链的数据按照交易时间先后进行了联结，为其中的数据信息正常发生及其存在提供了证明。所以，当跨境商品在运输过程中出现质量事故问题时，根据各个环节中的记录资料信息来分析，就能找到这些问题产生的原因及其责任方。在区块链上所有被记录下来的数据都完全是通过采用非对称加密的技术对其进行加密的，每一个被参与的节点都只能被访问，无法直接进行数据的篡改，确保了信息的安全性、真实度。区块链信息技术的去中心化物流平台使所有的中国跨境电商物流服务参与者在网上都可以随时地直接进行物流访问并且实时查询物流数据，实现了物流信息的公开透明和数据资料的实时共享。天猫世贸国际的高品质货物溯源信息系统将货物区块链识别技术、物联网识别技术、动态指纹镭射识别技术和货物动态图像识别等新兴信息技术相互地紧密结合在一起，把这些商品信息经由商品溯源过程代码和通过电子商务邮件等多种视频信息监测技术方式实时输入发送到整个进口环节的商品信息中，实现对天猫跨境进口商品信息的完整性和全程实时跟踪。采用专门技术手段制成的溯源代码，能够让它们不至于被伪造或者是复制，保证了生产线上所有信息的独立性。溯源代码中所有记录的数据和信息都全部被录入到了区块链中，不能进行任何更改或受到破坏。消费者通过手机扫描追溯源代码就能够准确地识别出商品的来源和真假，为广大消费者在网上进行购买的正品提供了有效的安全保障，解决了广大消费者在跨境网购中买到假货的问题。

（四）价值性分析

产品的可追溯性就是保证了产品的质量安全，并且确保了责任的追究。一个能够从根本上有效地保证其产品质量的企业产品质量可溯源系统就需要它具有防伪、质量、物流、记录和可信五个基本方面。此外，还要通过信息技术来实现对质量管理中发生的各种问题所出现的环节及其责任进行双向跟踪。随着我国新一代企业区块链存储技术的不断普及和快速发展，其对于企业数据存储信息的实时公开性、加密度和安全具有较高可追溯性等诸多技术优势，它们已可以成功地为我国企业的物料产品质量跟踪管理体系的前期构建建设提供重要技术支持，对于物料采购与产品运输的所有环节都不需要对其进行全面的技术监督。在采用天猫互联国际的产品溯源查询系统中，溯源数据码和天猫产品实际生产的各批次所有相对应的大量产品数据溯源信息从源头上有效地保障了天猫产品的信息真实性和天猫正品货的质量，质检和售后配送服务过程系统中的大量图像和声音视频数据监测有效保障了天猫数据库产品信息的准确性和产品的真实性，全程产品信息的数据导出和信息入链为广大消费者提供了一个产品信息溯源查询的便捷渠道及售后维权的重要依据。天猫世贸国际的国外全程跟踪追溯管控体系的成功构建基本实现了在中国跨境进口商品国际供应链上的国际知名品牌以及供货商、销售商和服务平台及进口物流商等之间的信息互通、共享，实现了跨境商品从原材料选取到研发生产、销售、配送及物流运输的每一个关键环节均完全具备了基于商品底层的国际大数据追溯记录，建立了一套有效的把关监控中国跨境进口商品质量的国际全程跟踪追溯管控体系。为广大中国消费者及时提供了商品溯源式的商品二维码及公开透明的中国大数据商品资料溯源信息，提高了广大中国消费者对该服务平台的专业认识和社会信任感，增强了广大消费者的自信。

基于该类产品的高可追溯性，可以充分利用先进的区块链技术自己搭建基础的数据库，在进行跨境贸易的商品物流搬迁和运输中，仓储贸易数据库、货物搬迁或配送的实时信息数据库及其他国际贸易通关信息数据库尤为重要。在移动互联网的新时代，数据是企业最为重要的财务资产，在整个产业链中构建参与方分享的数据库，不仅能够大幅度地提升企业跨境物流的运行效率，对于产业的未来发展也将具有必然性的促进作用。数据的准确性与真实性和其信息完整性直接关系决定了我国跨境进口商品信息的实时可追溯性和使用效率，天猫世贸国际通过综合应用全球区块链存储技术成功构建了一套全新的基于跨境进口商品的可追溯信息系统，对于整个产业链上的每一个关键环节的商品信息都实时进行了信息加密和实时存储，增强了商品信息的透明度。跨境商品贸易活动电子国际商务平台系统能够通过充分利用我国区块链交易技术平台来自动建立一个完全去中心化的交易数据库，赋予跨境贸易活动参与方对其需要录入的所有相关商品信息可以进行实时录制管理权限，把所有需要涉及的我国跨境贸易录入商品的研发生产或者物流运输各个环节的相关信息及时地进行录制并输入发送交易系统，为对录入商品的相关信息进行跟踪分析提供了一个可视可量化的事实证据。在对于区块链交易商品的开发生产、入库、出仓及其商品运输等整个交易过程中，对于所有交易的相关信息以及资料可以通过一个数据库输入口直接加密输入给整个区块链，通过时间标准戳加密技术和非对称信息加密技术将所有交易信息按照一定的顺序和速度加密，使区块链商品中的每一个环节都可以实时地相互分享和找到所有关于交易的相关信息，进而逐步形成一种信息共识共享机制并有效地保证了交易信息的安全真实性与可追溯。

（五）实时性

在商品进入跨境配送的过程中，仅仅通过信息录入系统无法真正地保证其产品的质量，在对产品实行检查并且周转的同时，对其进行实时监测可以进一步增强信息记录的完整度和真实性。物料仓储环节的实时监控系统主要是静态监控，通过采用无线射频识别技术、无线传感器网络集成技术及相机图像监控等技术手段对物料进行了实时的纪律监控。生产、包装、安检和物料运输等工作过程中的实时监测主要是动态监测，通过无线射频识别技术对各类产品的标签位置进行识别，全球定位系统对其进行了位置信息的确认，摄影机监测系统对其进行了实时的监控，最终用传感器把这些信息发送到了区块链中。通过实时的监测管理系统能够更加全面地跟踪和分析企业在产品的生产、流通等过程当中的各种动态情况，为企业提供了较好的品质和保障。

（六）政策支持

跨境国际互联网上和电子国际商务国家综合贸易实验区的开工建设和正式成立，能够使我国跨境电子商务和国际贸易产业有较好的发展，2015年3月，国务院政府批复正式同意把我国杭州地区建设发展成为跨境互联网上和跨境国际电子商务国家综合贸易实验区。杭州跨境电子商务区域综合试验区的正式设立，也直接标志着近年来它在我国的发展跨境国际电子商务已经逐步迈向了一个崭新的发展阶段。2016年1月，天津等几个西部地区市级以上省会城市被国家选择纳入新一批国家跨境国际电子商务区域综合合作试验区。作为首个国家试点示范城市，目前已在杭州滨江综合贸易实验区初步成功建立了一起"电子围网"，并与全国金融、物流和第三方行业综合信息服务平台进行有效的链接，构建支撑起了大量的行业数据分析基础和技术底层。并且公司采用"一区多园"区域布局战略手段在未来不断完善其网上线下服务产品和线上生态圈，形成了有力推动国内跨境电子商务交易行业快速发展的经济全球化新增长动能。至2015年12月底，杭州地区的各家跨境企业电子商务企业贸易规模已从2014年的不足2000万美元迅速翻倍增长至34.64亿美元，仅在上年阿里巴巴的杭州国际站上线试运行的一年杭州地区跨境企业贸易总量就已经迅速超过3500家。预期将通过对我国跨境商品贸易和电子商务产品进口这两种方式快速吸引亿万境外中国消费者的进口回流，扩大其在中国境外的市场。综合经济实验区首批55条国家创新性发展举措的获批落地启动试点综合实验，无疑给自己和阿里的巴巴在我国跨境服务贸易金融服务行业的积极发展作用带来了巨大的发展契机。

第二节　京东智臻链平台的案例分析

一、京东智臻链平台

京东集团正积极协同探索新一代应用区块链相关技术，主要特点体现在京东集团正在通过协同研究和开发应用各种区块链相关技术，在各个不同的主要业务应用场景中积极尝试合并研发和应用运营各种区块链相关技术，在数字金融、品质安全可持续溯源、大数据安全等主要业务领域进行尝试。随着国内京东对于区块链相关核心技术的研发创新能力和其他的应用实践经验已逐步达到了一定程度上的应用高峰，京东智臻链技术平台应运而生，京东智臻链区域网块链技术服务平台凭借多项软件优化系统轻松实现了一键节点部署服务功能，做到了在行业内世界领先的每毫秒数量级京东区块链动态节点一键部署，具备了开放式的可兼容多种基于系统底层、企业级以及动态节点组网等成熟技术应用的强大核心技术服务优势。京东智能区纯链将有效率地促进各个金融行业内的中小企业政府级应用区块链技术应用的广泛大规模研发投入以及落地，稳定其在中国和世界的完全信任型金融市场经济地位。不仅如此，京东集团借助区块链技术运营"京东区块链防伪追溯平台"与许多行业内的企业进行了合作，通过搭建区块链技术，创建了京东自己的品质追溯防伪联盟。目前在国家有关行政主管部门的监督下，运用区块链技术，更好地维护和保证了供应链安全，对于虚假及不符合供应商规格的产品进行严格控制，有效保护了消费者的安全和合法权益。①

二、区块链技术在京东智臻链平台上的应用

区块链技术的公开性、可跟踪、防伪篡改、数据安全等优势，能够广泛应用于解决京东公司现有业务中的产品和溯源方面的问题，而且还能够实现对业务模型的革命性创新。2016 年至今，京东集团经过几年的研发和探索，已经开始了在产品跟踪平台上运用与区块链相关的技术手段来帮助他们解决这些相关的问题。

首先，建立一个可靠的共享化数据库。区块链技术本身就具有分布式的特征，它能够很好地实现数据的分布式存储、数据的共享、数据不可被恶意篡改等，这样就保护了在国际贸易中的所有人的信息安全，在一定程度上解决了信任问题。根据这些特征，京东集团已经在对跨境商品进行防伪和溯源等各个环节上，通过了区块链技术，从源头开始防止商品的造假，构建了一个互联网共享的数据库。我们利用区块链技术建设和运营，已经在生产工艺厂商、物流公司、销售平台、消费者、监督机构之间形成了信任，在区块链的主体之间搭建了一座互相信任的桥梁。

其次，提升了交易的工作效率及降低了交易费用。基于区块链的智能签订合约等技术，可以明显地减少大量的数据验证。在减少了数据验证交易的同时，还可以有效地降低成本，减少风险，使交易更加安全。而且区块链技术已经使传统中心化交易模式的替换方法发生了改变，使一些层次代理的资料传送缓慢等问题被彻底解决。

最后，促进了供应链的创新。随着我国政府在全球范围内的大力推动

① 张作义，刘彦生．区块链＋民生的产业创新发展——以京东智臻链为例［J］．清华管理评论，2020（1）：32－33.

供应链的创新，对于供应链风险管理与供应链透明化的需要也随之扩大。区块链技术构建了整个供应链中所有数据的全方位存储体系，极大地提高了整个供应链的透明度，并为广大消费者所购买商品提供了具有可追踪性与防伪功能的技术支撑。原材料的流程、生产过程、分销过程和产品市场营销过程的相关信息被自动编写到区块链的系统，并很好地实现了一物一码整个流程的可跟踪性，确保了正品。每条资讯都会附上所有主体的代码号和数字签名以及具体的时间邮件，消费者也就可以通过网络查询与验证。区块链的数据签名以及加密技术实现在区块链系统中对于信息进行篡改的安全防御，标准化的统一与交易高效。

众所周知，产品供应链由大量的参与者共同构成，参与者之间往往具有许多的互动和合作，交易信息、物流信息、产品信息等都被分别保存在各自的系统中，信息也就缺少公开和透明。因为信息没有得到公示，各个参加的主体很难准确地掌握这一问题发生的实际情况，以至于严重影响了供应链的协调与合作。所以当各种不同权利义务承担主体之间存在权利纠纷时，追责往往总是需要我们花费大量的精力和时间。区块链自身特点具有的链式对会计信息进行数据溯源管理，使整个数据库所记录的信息准确性高且不可被随意篡改，以及数据能够与一个时钟时间戳的数据存在性和可确认性相互结合，可以很好地保障对商品和其他仓储物的库存信息进行数据溯源和商品防伪。用户在直接进入中国京东官方网站之后，在"京东区块链防伪追溯平台"点击京东上的 App 代码查询就能找到自己商品的单个订单，采用京东区块链扫描技术作为支撑，点击"一键溯源"或者直接打开网页扫描一下自己单个商品上的防伪溯源扫描代码，就能够轻松快捷地了解自己商品的整个交易过程中的信息。电商商品零售服务企业的电子商品市场库存交易管理主要要求具备商品交易过程资料的管理碎片化，商品交易运营者在交易过程管理中经手困难，交易管理节点的信息多样性，库存管理困难，以及商品交易管理网络的结构复杂性等基本特征。使用新的区块链识别技术在未来就能做到用户信息的真实、可信、自动化、可远程检测。区块链技术拥有多个不同交易业务主体之间的信息共识交易机制、分布式交易数据加密存储、点对点信息传输和数据加密存储算法等多种传统基础信息技术的综合优势和强大特性，可以借助京东在线私有云、非对称数据加密等新兴信息技术手段，适用于所有京东在线下零售业务领域的京东仓库交易信息安全管理。京东通过将智能区块链与整个京东智能云仓储平台相互交叉融合，建成了一个基于京东碎片化智能仓储数据管理的基于数据采集、保存、溯源和数据展示的智能区块链仓储基础设施底层以及一个智能化的全球防伪商品跟踪信息应用服务平台，通过该信息服务平台向来自全球广大范围内的防伪商品生产制造者、品牌商、监督机构、顾客、第三方防伪识别者和认证服务机构等众多重要业务部门人员进行了信息接入，形成了一个多节点、可持续发展的智能区块链以及全球化智能防伪商品跟踪服务网络。"京东区块链防伪追溯平台"产品是一款基于综合性的商品区块链，以京东大量商品数据库信息作为技术基础和核心整合了各个自营品牌以及店内零售商的大量商品信息，实现了对京东商品销售全过程的追溯信息和海量数据采集、整合、信任、到达等多种技术服务支撑。京东正在制定计划把"京东区块链防伪追溯平台"业务引入至"全球购"防伪业务，京东将通过北京区块链以"追溯码"形式作为防伪服务信息载体，给全球顾客和中国消费者同时提供对于京东商品全部防伪资料和相关信息的防伪追溯分析功能，"京东区块链防伪追溯平台"将向参与全球购的消费者公开防伪分析和信息共享。商品在进行交易之前，被明确指出其归属地和同步对每一个节点的确权认证。在未经许可的销售行为中，如果区块链的确权证书与该证书之间或其他信息库的相关性不匹配，则可以向数据提供人要求进行法律上的保护。这就解决了大学生的数据信息是否公允合规等诸多问题，也就消除了大学生对于数据服务提供者的担心。所有的大数据信息质量管理控制均是在透明而又无法泄露或者篡改的环境中，且在一种开放性的市场经济中维护着各方的安全与利益。在京东网上购买商品后，用户就可以直接通过手机扫描商品上的"追溯代码"，快速地查询自己所有商品的供应链流程。例如，市场上所卖的牛肉，通过京东提供的唯一"追溯代码"，用户就可以直接了解该企业的牛肉产品生长基地、饲养原材料、屠宰时间和日期以及所有加工和配送公司等相关信息。当前我国企业财务管理的大数据与外部的决策者进行分析和共享是很多困难的，财务管理的大数据很难被广泛使用也是普遍面临的困惑，外部消费者、投资人、审计师、监督管理机构、外部其他信息的需要者，仅仅从网络上获得一个标准化的财务管理报表和数据，无法从网络上获得企业内部的财务管理和内部经营的统计记录。从财务管理的视角我们可以很好地做到，通过区块链企业库存管理的防伪跟踪平台，外部信息供应商可以比较多地收集和获取该公司内部库存管理的相关信息，这对于现有企业的财务管理研究来说具有重大的理论和实践价值。

三、京东智臻链平台区块链技术的应用效果

京东集团对区块链信息技术在京东各个业务领域和市场中的广泛应用进行探索和研发实施新战略决策之后，不断积累对于区块链信息技术的理论和实践经验并提高研发能力，历经数年的广泛应用和探索，京东智臻链平台应用区块链技术产生了以下四个方面的效果。

第一，区块链的技术在其本质上是一门去中心化、面向业务、跨越主体的技术，同时该区块链还具备了存储大量数据、共有资料、防篡改与保护个人隐私等功能。京东智臻链平台与区块链技术相结合，部署了跨行业各个主体之间的区块链联盟连接点及桥接，用互联网区块链技术为其搭建

了一张社会化共享的数据仓储网络，建立起一个社会化共享的可信数据库，有更多的机会通过客观科学的技术方法解决各个行业跨行业主体之间的信贷关系。在区块链技术的支持帮助下，京东真正做到了自己的品牌、渠道、零售商、消费者、监管组织机构和第三方检测机构之间建立了信任，并全面提升了供应链的总体利润。消费者不必担心区分不出真假的问题，企业也不必担心仓库存储和跨境物流过程中出现的假冒产品会破坏他们的声誉。

第二，基于区块链的上网数据本身已具备了多个交易主体之间的相互背书和彼此进行校验的特点，降低了这些商业性交易的风险，使交易更加有确定性。基于区块链智能化合约的这一技术特征，它们可以极大地减少了数据核实过程中的各个环节，降低了成本，从而促进了数据与价值之间的传递或者转移更加顺利。京东通过应用区块链技术使得在跨境产品溯源方面用无纸化的单据来实现流程上的优化，也使物流信息得以实时更新。京东通过采用电子单据技术实现了数字化信息流与单据流的整合，无纸化的单据使京东在运营过程中降低成本的同时提升了效率。①

第三，随着近年来中国政府加强全球供应链的技术创新与广泛应用，国家发展战略和重大城市社区居民日常生活用品消费的不断深化转变转型升级，对中国供应链安全风险的准确控制与有效提升对中国供应链政策透明度的提高诉求也日益不断攀升。区块链技术既然可以看作是一种用于构建中国供应链全部子流程各个数据节点共同保存管理参与维护的企业联盟链，那么在这些新的联盟链中可以构建企业数据共同保存和管理维护的企业参与信用管理体系规则和信用激励机制，鼓励中国供应链各个节点系统中的相关企业积极参与和管理维护中国供应链的相关数据，促进了中国供

---

① 乔鹏程. 基于区块链库存管理防伪追溯变革研究——以京东"智臻链"为例 [J]. 新会计，2020（2）：51-53.

应链节点信息和企业数据的相互协同和相联互通，进而大大增强了整条中国供应链的商品信息公开透明度，同时还可为广大中国消费者对于相关商品信息的安全溯源和商品防伪检测服务需求提供了新的技术和支持。因此，为了有效推动外部区块链基础技术的快速健康发展和促进京东集团各类外部业务管理场景的深度融入和更紧密结合，运用外部区块链基础技术应用来有效推动内部价值链和大数据的实时记录、流动和外部信息流的交换，京东集团公司专门联合内部各项业务功能、技术和外部业务管理系统，开展了有关区块链基础技术和商业应用的发展趋势等多项专题研究。本章主要总结了目前京东集团基于区块链相关核心技术的产业发展研究现状和未来发展方向，并对未来京东集团各项核心业务的技术落地和发展实践成果作了一些比较典型的技术应用和成功案例分析，为未来京东集团基于区块链核心技术的产业发展战略思路和京东标准化的产业发展战略路线图建设提出了一些实际相关的研究意见。

第四，京东智臻链交易平台已成功应用了一种区块链安全技术可以进行数据防伪交易跟踪，使这些交易数据完全能够自由地公开流通。在分散，可追溯和不可逆转的新型区块链构架技术基础上，将这些新型区块链构架打造成一个联盟合作网络。通过这样的管理方式，数据库的转换和资源分布管理变成了一个受到严格安全保护的数字虚拟化和数字证书资产，确保每个项目都能够及时获得有效的数字证书。京东区块链的商品库存运输管理系统是一款商品防伪容易跟踪和可追溯的管理平台，结合京东公司自身的物流库存运输管理服务系统及其他的物流管理服务系统，联合公司库存运输管理在物流行业内已经扮演了重要角色，联合公司库存运输管理系统能够有效让京东公司的物流处理库存更加方便快捷，极大有效地改善了京东物流的库存运输管理速度。京东智臻链区分模块链的商品库存信息管理系统是一个基于防伪交易跟踪和可追溯的强大平台，通过京东联合商品库存单的系统管理可以更加精准地控制各类特价商品联合库存单的数量，并且通过一套精细化物流管理体系模型，可以更好更合理地调配京东物流管理人员和配送车辆，有效保证了整个京东供应链系统运行的稳定。相关部门负责人对此表示，在当今中国的整个电子商务金融行业，"京东区块链防伪追溯平台"已成功起到了应用示范和引导推动者的作用，以京东区块链防伪技术平台为首的京东创新仓储信息安全技术平台能够通过多维度、更宽泛和多角度应用来帮助中国仓储物流企业进行库存质量管理中对仓储商品质量的严格认证、数据库的跟踪、仓储商品管理及仓储商品安全的有效监管。

第六章　基于区块链技术促进我国跨境电子商务出口贸易发展的建议

第一节　组建区块链技术联盟

　　跨境电子商务打开了跨区域贸易的大门，逐渐引起各地区甚至各国的广泛关注与重视，成为对外贸易发展的新指路明灯。跨境电子商务不仅极大地促进跨境贸易从业企业的转型，而且在产业链的转型升级、对外贸易结构的优化方面起到至关重要的战略作用。应大力推广借助区块链技术来解决跨境电子商务出口贸易的问题，但是目前为止区块链技术尚在研究阶段，仍然不成熟。而其中如何利用区块链技术促进我国跨境电子商务出口贸易发展更是有许多值得讨论的问题。

　　首先，中国作为贸易大国，在促进"区块链+跨境电子"商务发展方面可以担起发起人的角色，发起建立全球"区块链+跨境电子商务"的交流合作组织的建议，与世界各国形成合作关系。在合作过程中，集中人才、共同投资，对"区块链＋跨境电子商务"的发展模式进行研究，不仅有利于各国跨境电子商务的发展，同时，在组织研究的过程中，仍可以发现"区块链＋跨境电子商务"发展模式的优缺点，从而不断改进"区块链＋跨境电子商务"的发展模式。

其次，技术上要进一步提升，以使我国跨境电子商务达到与应用相匹配的水平，并在此基础上满足更高层次的应用需求。在运用区块链技术时，还必须要考虑到数据的储存容量、业务并发能力、扩展性等问题。在实际使用区块链技术的过程中，存在一系列技术问题需要解决，包括快速部署能力、应用程序接口（API）插件的支持、读写功能、联盟链的动态集成等。技术保障需要多方参与、交流和解决。通过积极组建区块链技术联盟，国内主导的互联网公司和技术公司能更便捷地沟通，促进规则标准化、技术共享和技术应用。①

最后，我国跨境电子商务的发展日新月异，同时相关问题也随之而来。区块链本身的局限性并不能解决一切问题，尤其是跨境企业在使用过程中会碰到功能不够完备、数据存储空间不足等问题。不同企业间的积极协作就变得格外重要，任何一家企业都不可能孑立于整个区块链，企业间通过筹建企业技术战略联盟，共享有关资料和数据，共同培养区块链溯源技术人才。跨境电子商务企业、区块链技术公司、行业内有关人员和组织等应共同组建区块链技术溯源联盟，共同开发区块链溯源技术，最终形成跨境电子商务产品溯源的行业参考标准。

---

① 孙妍. 我国跨境电商出口贸易问题解决对策——基于区块链技术［D］. 天津商业大学，2019.

第二节　培养区块链技术人才

区块链涉及芯片技术、编程、数据库技术、存储、数据加密等方面的内容，是由多种互联网技术结合而成的解决办法。行业知识操作难度大，行业内缺乏相应人才，无法满足市场需求。①"区块链＋跨境电子商务"的实施仍存在很多问题，一方面，分布式区块链的存储空间太小以及区块链存在高延迟、昂贵的计算成本；另一方面，其学习成本也相当高，加之区块链技术包含很多内容，需要学习多学科知识。目前对区块链的研究成果较少，面对较高要求的压力，需要全方位复合型的人才来做区块链技术的研究，这也是区块链技术的特点所要求的。

在区块链的发展中，人才的培养至关重要，需要加快推进"区块链＋跨境电子商务"的人才培养，完善相关的人才培养机制，从而解决"区块链＋跨境电子商务"现存的技术问题，将此技术应用到各国之间的进出口贸易、物流上，从而提高各国之间贸易的效率、质量和物流速度，并加强合作关系。区块链的发展要把人才培养放到首位，还需要高校、企业等机构的配合。根据区块链的发展和跨境电子商务应用的需求，构建多种渠道并行的人才培养机制，主要采取三个方面措施：一是为培养专业型的区块链人才，在高校中建立完整的相关课程体系，设置区块链相关的专业或者课题组，还可以定期组织关于区块链的交流研讨会，依托校内的实验室和实训基地等设施；二是培养高质量的区块链人才，与国外著名的高校、科

---

① 白丽．中小外贸企业跨境电商运营现状分析及对策［J］．电子商务，2021（3）：33－34.

研机构等进行联合培养，推进中外联合办学项目；三是培养实用型的区块链人才，借助企业本身的区块链的技术基础，鼓励技术力量雄厚的企业之间组织共同工作交流的机会。

国家应大力培养一批高端的区块链技术研发精英，更好地去推进落实区块链技术在我国的应用与研发，加强国家与高校积极配合实施，是一项长期的工作任务。

第三节 建立基础数据库

基础数据库的建立离不开跨境电子商务平台的主导作用，区块链系统中的各个主体信息通过主导机构记录，参与者均可以使用所需要的数据库，并且能防止产品信息被篡改。此外，基础数据库还可以承担建立以及维护区块链系统相关数据库的责任。

跨境电子商务商品厂家信息、原产地信息、商品交易相关信息、相关海关检验检疫的交易信息和监管信息、物流信息等都应包含在基础信息库中，并以此组成建立基础信息库。其中，商品质量抽查结果通报信息、商品查验通关时间、口岸等包含在检验检疫监管信息中。全部的跨境交易信息可以储存在基础数据库；还可以在交易前，通过回溯合作方之前的交易记录，来判断是否与企业合作。同时，实现事先控制问题，消费者了解货物的状态可以通过建立的基础数据库进行查看配送的实时信息，当货物有问题时，不借助于其他平台，独立地与国际物流公司进行沟通，中断跨境物流，节约了跨境物流的成本，大大提高了跨境物流的效率。不仅便利了消费者，还可以帮助海关通过查询货物的来源信息以此来查验跨境货物。

溯源信息库中凭证繁杂，其中，必不可少的有效溯源的凭证，包括跨境电子商务商品名称、生产批号、生产日期、生产厂商、商品价格、品牌等。借助凭证实现整个物流链条中报关信息、国内报检、商品来源等的有效查询，实现跨境电子商务商品的信息溯源。基础数据库实现资源的最大利用，使用者减少了采集数据的麻烦，不仅打造了一个全方位的跨境电子商务商品质量溯源体系，使工作效率大大提高，而且建立了更高效的整合资源平台——全国统一的溯源平台，还进一步规范了跨境电子商务出口贸易。这也将使跨境电子商务出口贸易朝着更快更好的方向发展，为跨境电子商务出口贸易发展注入新动力。

第四节　区块链技术应用的监管与政策制定

新时代新环境下，"区块链＋跨境电子商务"面临着较大的复杂性和融合难度。从技术研发到实践应用，涉及诸多类型的参与主体。涉及区块链技术、监管机构、跨境电子商务领域的各行各业，在相互配合的基础上还要制定切实有效的通行行业标准，确保"区块链＋跨境电子商务"新系统的互通互联，实现行业整体效益的加强，才能更好地推动"区块链＋跨境电子商务"的有效实施[①]。因此，政府相关部门应进一步制定并完善跨境电子商务行业标准，使其适应跨境支付、跨境物流和产品品控等，为"区块链＋跨境电子商务"提供良好的发展空间。

"区块链＋跨境电子商务"的技术在未来会不断实现完善，并将运用到

---

① 姜旭男．区块链在跨境电商中的应用研究［D］．天津商业大学硕士学位论文，2020．

各个行业的发展中。在这个大数据时代，我国需要时刻关注"区块链＋跨境电子商务"的优劣势，及时更新和出台相关的政策进行支持和改善；法律规范也必不可少，用法律制定共同遵循的标准，鼓励相关行业组织，建立全行业自律制度和行业准则，督促"区块链＋跨境电子商务"行业服务者自发提供服务、接受社会的监督，促进行业的健康发展。

目前对于区块链应用而言，我国的监管体系还不够完善，因此政府对区块链的发展进行有效监管是十分有必要的，以区块链的名义招摇撞骗不了解区块链技术的人不在少数，打击人们对区块链技术的期望，也会使参与者受到损失。在政府完善的监管体系下运行，可以保证基于区块链技术的行业的发展是健康的，有助于区块链发展正规化、透明化，也不会偏离正轨导致区块链技术的滥用。近几年有许多打着区块链名义开展的非法活动或项目，正是表明我国对区块链应用的监管力度不够大，缺乏相关的法规政策，从而无法保证区块链可以应用到实际的行业中去、让区块链技术真正落实到有关领域当中。要想区块链可以在跨境电子商务中进行应用，需要法律措施落实到位，还要建立完善的监管体系，因此可以从以下两个方面入手。

在监管体系方面，应采取以下五项措施：一是从现行的法律和监管中存在的空白出发，借鉴国外的法律监管体系，注重与我国现行法律的结合，积极探索符合我国国情的法律条款和监管模式，进而加强对我国区块链在跨境电子商务中应用的监管。二是跨境电子商务涉及的主体较多，涵盖不同类型的企业，业务也是错综复杂地交织在一起，在现行的监管体系下，各监管部门要协调统一，只有合作配合准确进行责任的界定，才能保证行之有效的监管。三是要本着包容审慎的原则，允许区块链在跨境电子商务中应用的探索试错，鼓励区块链应用的发展，但要有一定的底线，对于使用区块链的非法犯罪行为或招摇撞骗的行为要进行严厉打击。四是监管部门要对跨境电子商务中消费者的权益进行保护，加强消费者对于区块链应用知识和法律知识的认知，让消费者具有防范意识，维护自身合法权益。第五，区块链在跨境电子商务中的应用是不断发展的，相关法律和监管手段也要及时更新，做到与时俱进。

政府政策方面，目前已将区块链技术列为国家重点支持和发展的产业。通过建立分布式记账技术和全国区块链标准化委员会等，同时以政策准则区分数据类型，再录入区块链系统，让标准和政策指导着区块链技术的应用与发展。为了有效地应用区块链技术，国家应尽快制定区块链技术的相关技术标准，并在各级政府部门的政策指导下，保证行业监管标准与各个企业之间的技术标准的统一，让企业有所参考。区块链技术应用在合法化的前提下，还要特别制定关于区块链交易有效性的制度，要承认电子签名、电子交易以及电子文件。在信息化时代，更要注重数据隐私等敏感性问题。使用标准化法律和政策对于该技术的推动与部署十分重要，企业或民间的社会组织、学术界、软件开发商、政府组织和政府机构应加强重视。

参考文献

[1] 安德烈. 区块链应用于跨境电子商务的问题及相决方案——基于以太坊区块链框架的研究 [D]. 浙江大学硕士学位论文, 2020.

[2] 白丽. 中小外贸企业跨境电商运营现状分析及对策 [J]. 中国商论, 2021 (5)：32 - 34.

[3] 曾静. "一带一路" 倡议背景下我国与东南亚地区跨境电商的发展研究 [J]. 大众投资指南, 2019 (7)：67 - 69.

[4] 陈杰, 张凯, 丁晓冰. 区块链在中国 [J]. 知识经济, 2020 (2)：13 - 31.

[5] 丁宝根, 赵玉, 彭永樟. "区块链 + 跨境电商" 变革的现实性、限度性与政策建议 [J]. 当代经济管理, 2020, 42 (1)：64 - 70.

[6] 冯萌. 中日跨境电商的发展现状及对策研究 [D]. 安徽大学硕士学位论文, 2019.

[7] 高双宁. 区块链背景下跨境电子商务的问题与发展 [J]. 福建电脑, 2021, 37 (6)：45 - 47

[8] 龚奕, 丛培华. 浅析区块链技术在金融领域的实践与展望 [J]. 商业文化, 2020 (482)：36 - 37.

［9］郭海霞，余凯迪．区块链电子政务应用场景研究［J］．科技创新，2020（6）：66 - 68.

［10］何正源，段田田，张颖，张瀚文，孙毅．物联网中区块链技术的应用与挑战［J］．应用科学学报，2020，38（1）：22 - 33.

［11］胡方，曹情．日本电子商务发展现状与特点分析［J］．经济研究，2016，30（4）：1 - 10.

［12］胡方，高荣璨．日本跨境电子商务发展的特征、原因及其启示［J］．贵州商学院学报，2020，33（1）：48 - 55.

［13］黄蓝青．东南亚和非洲市场跨境电商平台商家选品策略研究［D］．华南理工大学硕士学位论文．2020.

［14］黄海涛，罗纯．区块链支持下跨境贸易信任机制构建——基于中国与中亚五国贸易的场景分析［J］．南开学报（哲学社会科学版），2021（2）：98 - 110.

［15］黄曼嘉．我国电子商务企业国际化战略研究——以阿里巴巴为例［D］．重庆大学硕士学位论文，2017.

［16］贾松涛，杨晓娟．基于区块链技术的跨境电商新模式［J］．商业流通，2021（3）：30 - 32.

［17］姜旭男．区块链在跨境电商中的应用研究［D］．天津商业大学硕士学位论文，2020.

［18］李惠．高质量发展视域下中国“区块链 + 农业”发展分析及展望［J］．农业科技展望，2020，16（9）：79 - 92.

［19］李海波．利用区块链技术促进我国跨境电商发展［J］．财会月刊，2019（3）：142 - 146.

［20］李焦娇，吴晓松．区块链视角下东南亚地区跨境电商问题与对策探析［J］．商贸流通，2021（20）：102 - 110.

［21］李露，彭一峰，陈航，严米．基于区块链技术的农产品生产决策信息系统［J］．农业科技展望，2019，15（9）：81－96．

［22］李新．"互联网＋"环境下农庄可持续发展策略研究——以和乐源农庄为例［J］．现代商业，2018（16）：31－32．

［23］林梦嫚．跨境电商海外仓模式物流网络优化问题及解决方法研究［D］．浙江工业大学博士学位论文，2020．

［24］刘聪贤．浅谈区块链技术在跨境电子商务的应用［J］．科技资讯，2018（34）：241－242．

［25］刘雪纯，郑亚琴．区块链技术在跨境进口电商中的应用研究——以天猫国际为例［J］．武汉商学院学报，2019，33（4）：25－30．

［26］陆冰，王敏．区块链＋跨境电商SWOT分析［J］．科技经济导刊，2021，29（8）：52－53．

［27］陆霞．中美贸易战下的跨境电商面临的困境及对策研究［J］．现代商业，2018（16）：29－30．

［28］浦东平，樊重俊，梁贺君．基于区块链视角的电商平台体系构建及应用［J］．中国流通经济，2018，32（3）：44－51．

［29］秦婧．跨境电商物流在区块链技术支持下的发展路径［J］．中外物流业，2020（3）：89－92．

［30］孙琪．我国跨境电商发展现状与前景分析［J］．中文核心期刊要目总览，2020（1）：113－115．

［31］孙妍．我国跨境电商出口贸易问题解决对策——基于区块链技术［D］．天津商业大学硕士学位论文．2019．

［32］王飞．区块链技术与促进我国跨境电商发展的新思路研究［J］．理论月刊，2019（3）：117－122．

［33］王剑峰，赵文宏，高若涵，曹俊伟．区块链技术在跨境电子商务

中的应用研究［J］．理论研究，2020（8）：11 - 30．

［34］王洁．我国跨境电子商务平台经营影响因素研究——基于速卖通和敦煌网的案例分析［D］．安徽财经大学硕士学位论文，2016．

［35］王毛路，陆静怡．区块链技术及其在政府治理中的应用研究［J］．电子政务，2018（2）：2 - 14．

［36］王睦欣．全球电子商务发展新态势与中国电子商务创新发展［D］．吉林大学硕士学位论文，2015．

［37］王雯．中国出口跨境电商合规问题研究——以欧洲市场为例［D］．吉林大学硕士学位论文，2020．

［38］王晓敏．基于区块链技术的跨境电商发展策略研究［J］．新乡学院学报，2021，38（1）：23 - 28．

［39］维塔利．俄罗斯跨境电子商务发展研究［D］．吉林大学硕士学位论文，2019．

［40］吴强，谢思．我国跨境电商的主要模式、存在的问题及创新路径［J］．中文核心期刊要目总览，2018（24）：87 - 90．

［41］吴燕妮．金融科技前沿应用的法律挑战与监管［J］．大连理工大学学报（社会科学版），2018，39（3）：78 - 86．

［42］向婕．中国跨境电子商务发展现状及对策［J］．科技经济导刊，2019，27（3）：225．

［43］肖方圆．我国电子商务企业的国际化研究——以阿里巴巴为例［D］．安徽大学硕士学位论文，2015．

［44］徐蕙．金融行业领域区块链技术的应用研究［J］．技术平台，2020（5）：6 - 8．

［45］徐萌萌．中国跨境电商发展的现状及问题研究——基于阿里巴巴的 SWOT 分析［D］．安徽大学硕士学位论文，2016．

［46］许政．以日本为例从城市零售业生态覆盖思考我国跨境电商 B2C 出口［J］．对外经贸，2020（2）：127－129.

［47］许明月．关于区块链在互联网金融中应用的研究［D］．哈尔滨师范大学硕士学位论文，2021.

［48］闫新苗，我国跨境电商的现状及发展建议［D］．对外经济贸易大学硕士学位论文，2015.

［49］杨琴．中日电子商务发展现状比较［J］．贵州大学学报（社会科学版），2008，26（4）：98－104.

［50］杨帅飞．跨境电子商务物流服务商选择研究［D］．杭州电子科技大学硕士学位论文，2020.

［51］殷明，徐晓俊．跨境电商出口贸易面临的挑战及对策——基于区块链技术应用的视角［J］．商业经济研究，2020（6）：149－152.

［52］游丽．金融领域中区块链技术的应用及发展趋势［J］．金融经济，2019（10）：124－125.

［53］于文菁．跨境电子商务对我国国际贸易的影响及对策研究［D］．山东师范大学硕士学位论文，2016.

［54］袁旭力，我国跨境贸易电子商务发展现状及主要问题研究［D］．对外经济贸易大学硕士学位论文，2015.

［55］张春涵，王曦．区块链技术下互联网金融的风险防范［J］．中国经贸导刊，2021（1）：94－95.

［56］张国庆，刘媛华．基于区块链技术［J］．经济研究导刊，2019（25）：158－161.

［57］张金萍，郑伟．中俄跨境电子商务物流体系存在问题及解决对策［J］．商业经济，2021（5）：61－63.

［58］张秋荻．跨境电子商务的商业模式及盈利分析［J］．经济师，

2021（3）：55－61.

[59] 张唯.中俄跨境电商平台发展中的问题及对策分析——以速卖通为例［D］.天津商业大学硕士学位论文，2020.

[60] 钊阳，戴明锋.中国跨境电商发展现状与趋势研判［J］.国际经济合作，2019（6）：24－33.

[61] 赵诞红，原宝华，梁军.区块链技术在医疗领域中的应用探讨［J］.中国医学教育技术，2018，32（1）：1－7.

[62] 郑明.基于区块链技术的跨境电商产品溯源［J］.现代商贸工业，2021，42（6）：27－28.

[63] 周瑾.文化差异对东南亚跨境电商的影响［J］.呼伦贝尔学院学报，2019，27（4）：31－34.

[64] 朱贤强.跨境电子商务对中国进出口贸易的影响研究［D］.对外经济贸易大学博士论文，2020.

[65] 邹仕麟，熊睿.中国中小型跨境电商出口企业欧洲市场发展研究［J］.商讯，2020（15）：118－119.

后　记

　　本书在开篇详细介绍了全球跨境电子商务的现状。首先，笔者探讨了跨境电子商务出口贸易发展面临的相关问题；其次，分析了区块链技术的应用现状，并选取了阿里巴巴、京东作为典型案例来分析区块链技术和跨境电子商务之间的联系，之后给出相应的解决措施；最后，笔者通过宏观层面数据分析，评估了区块链技术给跨境电子商务带来的经济价值，并据此提出了合理化的建议。与此同时，本书在解释区块链技术在跨境电子商务的应用时充分利用插图，运用通俗易懂的语言来帮助读者更好的理解。

　　在此，特别感谢山东省社会科学规划研究项目对本书提供的支持，感谢山东建筑大学商学院的同事给予多方面的支持与配合，领导和同事的建议使笔者意识到自身存在的不足，也明确了本书完善的方向、方法。同时在编写过程中参阅了许多专家、学者的论著，虽然在参考文献中已列出了写作过程中所引用的部分，但他们的研究所给予这部书稿的帮助远远超过注释所标明的部分，在此笔者向他们表示感谢。笔者还要感谢家人，他们对笔者无私的爱与鼓励是笔者不断前进的强大动力。最后，特别要感谢经济管理出版社的任爱清老师，她作为策划编辑和责任编辑，付出了太多的辛苦与努力，她对文稿一丝不苟的态度让笔者既紧张又感动，也感谢任爱清老师身后团队所做的工作。

因笔者水平有限，书中难免存在纰漏之处，恳请广大师生和读者批评指正。

陈　曦

2021 年 6 月 30 日